W0386597

Lösungswege

Mathematik Oberstufe

5

Arbeitsheft

Philipp Freiler
Julia Marsik
Markus Olf
Rainer Schmid-Zartner
Markus Wittberger

www.oebv.at

Trigonometrie

Zum Arbeitsheft

Dieses Arbeitsheft ergänzt das Schulbuch Lösungswege 5. Es bietet **vielfältige Aufgaben**, die zwei Ziele bedienen:

> das vertiefte Festigen von **Grundkompetenzen**

> das gezielte Einüben von **Matura-Aufgabenformaten**

Zu allen Abschnitten der 13 Kapitel werden Aufgaben angeboten. Bei vielen der Aufgaben ist es vorgesehen, dass die Lösungen direkt in das Arbeitsheft geschrieben werden können.

Der **Unterstufen-Check** ist ein idealer Einstieg. Er bietet auf sechs Seiten wesentliche Aufgaben aus den vorhergehenden Schuljahren.

Zum Abschluss des Arbeitsheftes werden im **Jahresstoff-Check** Aufgaben angeboten, die einen guten Überblick zu den Themen des Schuljahres geben.

Zu allen Aufgaben stehen die **Lösungen** im Anhang des Arbeitsheftes.

Unterstufen-Check

DIESER TEST HILFT DIR, DIE KOMPETENZEN, DIE DU IN DER UNTERSTUFE ERWORBEN HAST, ZU ÜBERPRÜFEN. FÜHRE IHN SORGFÄLTIG DURCH, UM DICH AUF DAS KOMMENDE SCHULJAHR VORZUBEREITEN.

☐ Ich kann die Begriffe Strecke, Strahl und Gerade definieren.

1. Erkläre folgende Begriffe.

Strecke: __________

Strahl: __________

Gerade: __________

☐ Ich kann eine Parallele und eine Normale einzeichnen.
☐ Ich kann einen Punkt im Koordinatensystem ablesen.

2. Eine Gerade g ist gegeben.

a) Konstruiere eine Parallele p durch den Punkt (0 | 0).

b) Konstruiere eine zur Geraden g normale Gerade n, die durch den Punkt S (2 | 0) geht.

c) Gib den Schnittpunkt der beiden Geraden g und n an.

____

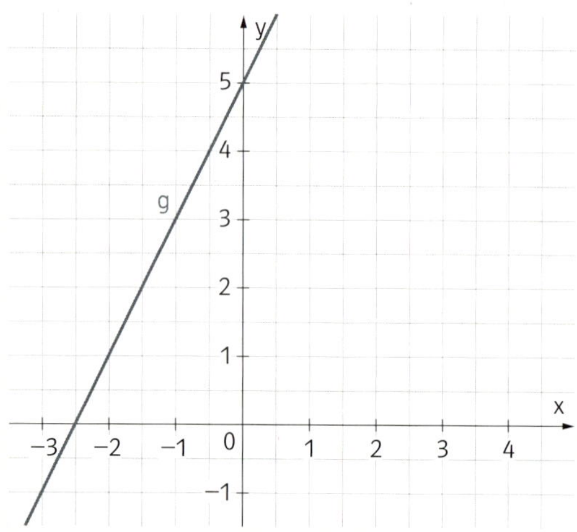

☐ Ich kann geometrische Körper benennen.

3. Benenne die Körper.

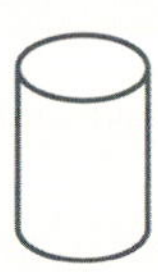 __________

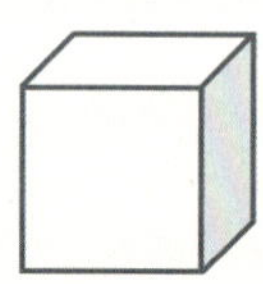 __________

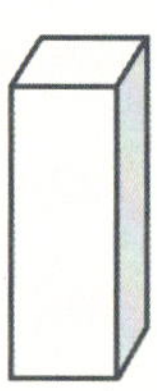 __________

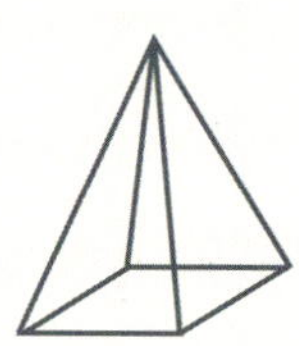 __________

 __________

☐ Ich kann Zahlen auf einer Zahlengerade einzeichnen.

4. Markiere die folgende Zahlen auf einer Zahlengerade: $\sqrt{6{,}25}$; 0; $-5\frac{1}{2}$; $-3{,}1$; 2^3; $\frac{3}{4}$

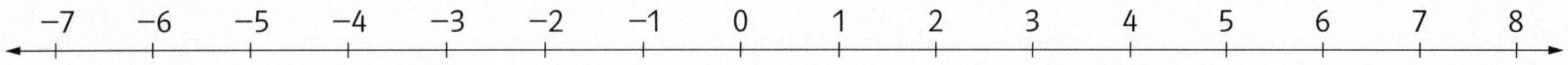

☐ Ich kann mit Termen rechnen.

5. Gegeben ist der Term $3a + \frac{1}{2}$. Führe die Anweisungen nacheinander aus und kreuze das Endergebnis an.

1) Verdopple den gegebenen Term: ______________________________

2) Dividiere durch 4: ______________________________

3) Addiere $3b$: ______________________________

4) Verdreifache den Term: ______________________________

5) Subtrahiere $4b$: ______________________________

6) Multipliziere mit $\frac{1}{5}$: ______________________________

Der neue Term lautet:

☐ $\frac{9}{10}a + b + \frac{15}{10}$ ☐ $0{,}9a - b + 0{,}15$ ☐ $\frac{9}{10}a + \frac{10}{10}b + \frac{15}{100}$

☐ Ich kann den Satz des Pythagoras anwenden.
☐ Ich kann den Umfang und den Flächeninhalt eines Dreiecks berechnen.

6. Von einem Dreieck sind die Längen $d = 9{,}87$ cm, $k = 10{,}22$ cm und $t = 6{,}53$ cm gegeben. Berechne die Länge g, die Höhe h, den Umfang und den Flächeninhalt des Dreiecks. Kreuze die richtigen Ergebnisse an.

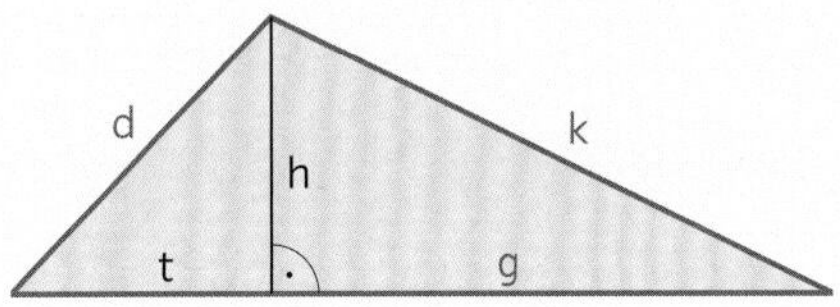

☐ 7,40 cm ☐ 36,67 cm ☐ 50,25 cm² ☐ 11,83 cm
☐ 25,50 cm² ☐ 7,05 cm ☐ 33,67 cm

☐ Ich kann die binomischen Formeln anwenden.

7. Forme mit Hilfe der binomischen Formeln um.

a) $x^2 - 12x + 36 =$ ______________________

b) $(c - 5)^2 =$ ______________________

c) $(3z - f)(3z + f) =$ ______________________

d) $(4 + b)^2 =$ ______________________

e) $9 - 6h + h^2 =$ ______________________

f) $25n^2 - v^2 =$ ______________________

☐ Ich kann Winkel ablesen und Winkelarten bestimmen.
☐ Ich kenne die Basisbegriffe des Dreiecks und kann spezielle Dreiecke benennen.
☐ Ich kann Höhen einzeichnen und den Höhenschnittpunkt ablesen.

8. Zeichne das Dreieck A = (−5 | 0), B = (1 | 5,5) und C = (3,5 | 2). Beschrifte die Seiten und Winkel. Zeichne die Höhen h_a, h_b und h_c ein.

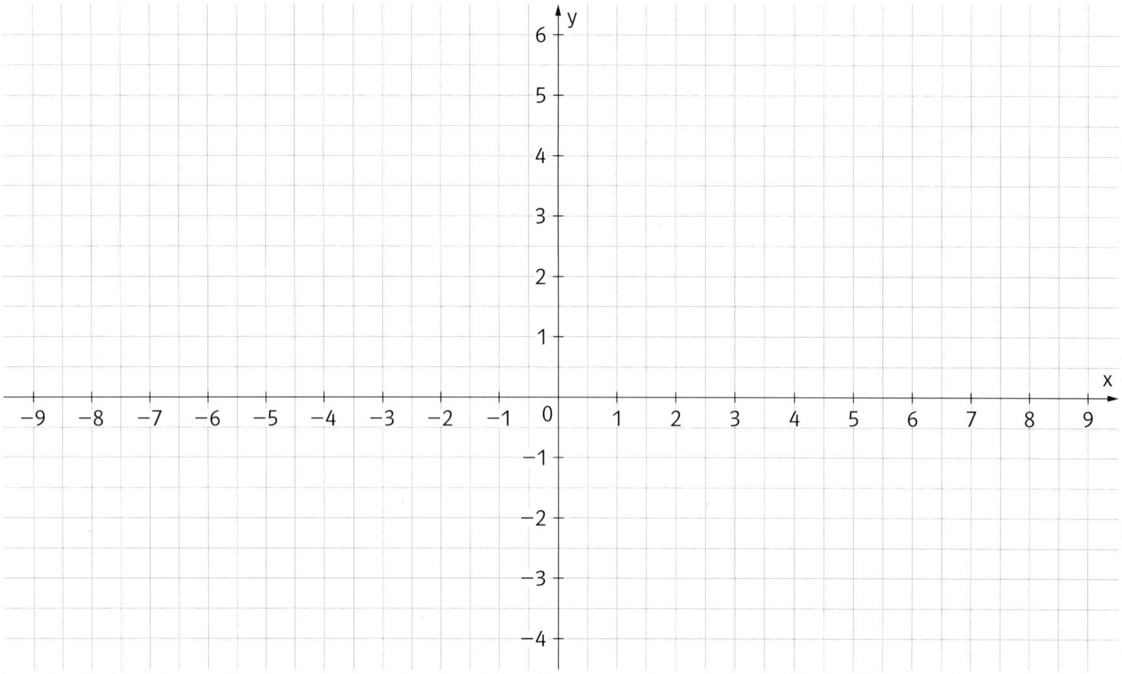

a) Kreuze an, welches spezielle Dreieck vorliegt.

☐ stumpfwinklig ☐ rechtwinklig ☐ spitzwinklig

b) Miss den Winkel α ab und kreuze die richtige Antwort an.

☐ 25° ☐ 29° ☐ 32°

c) Kreuze an, um welchen Winkel es sich bei α handelt.

☐ spitz ☐ voll ☐ erhaben ☐ stumpf ☐ gestreckt

d) Kreuze die Koordinaten des Höhenschnittpunktes an.

☐ (4,5 | 1,2) ☐ (1,2 | 4,5) ☐ (1 | 4)

e) Kreuze die Winkelsumme im Dreieck an.

☐ 360° ☐ 180° ☐ 90°

☐ Ich kann Einheiten umwandeln.

9. Wandle die gegebenen Maße um.

a) 10 m = ________ mm = ________ km = ________ dm = ________ cm

b) 6 dag = ________ kg = ________ g = ________ t

c) 0,4 m^2 = ________ cm^2 = ________ km^2 = ________ ha

d) 500 dm^3 = ________ m^3 = ________ l

e) 59 h = ________ d = ________ min = ________ sek

☐ Ich kann eine Gerade in ein Koordinatensystem einzeichnen.
☐ Ich verstehe Begriffe wie x-Achse, y-Achse, Ursprung und 1. Mediane.

10. Konstruiere eine Gerade durch die Punkte P = (1 | 2,5) und Q = (−2 | −0,5). Erstelle dazu ein Koordinatensystem. Kreuze die zutreffenden Aussagen an:

A	Die Gerade schneidet die y-Achse.	☐
B	Die Gerade geht durch den Ursprung.	☐
C	Der Punkt R(−1 | −3) liegt auf der Geraden.	☐
D	Die Gerade ist gleichzeitig die 1. Mediane.	☐
E	Die Gerade liegt parallel zur x-Achse.	☐

☐ Ich kann Grundrechnungsarten mit Brüchen durchführen.

11. Berechne und finde das Lösungswort heraus.

$\frac{1}{3} \cdot \frac{3}{5} =$ ________ **Ü** $2\frac{1}{6} : \frac{1}{2} =$ ________ **E** $6\frac{4}{7} - 2\frac{3}{21} + 1\frac{5}{6} =$ ________ **R**

$7\frac{1}{2} + 2\frac{1}{9} =$ ________ **GR** $\frac{6}{9} : 3 =$ ________ **SS** $2\frac{1}{4} \cdot \frac{2}{5} + 5\frac{1}{2} : 1\frac{3}{2} =$ ________ **Ä**

$3\frac{1}{4} - \frac{4}{6} =$ ________ **S** $\left(1\frac{3}{5} - 2\frac{1}{6}\right) \cdot 2 =$ ________ **S**

$2\frac{7}{12}$	$\frac{1}{5}$	$\frac{2}{9}$	$9\frac{11}{18}$	$3\frac{1}{30}$	$-1\frac{2}{15}$	$4\frac{1}{3}$	$6\frac{11}{42}$

☐ Ich kenne die in der Unterstufe gelernten Formeln zur Berechnung von Flächeninhalten.

12. Ordne die Formeln den passenden Kontexten zu.

1	Flächeninhalt des Trapez	■	■	$A = a^2$	A
2	Flächeninhalt des allgemeinen Dreiecks	■	■	$A = \frac{(a + c) \cdot h}{2}$	B
3	Flächeninhalt des Deltoids und der Raute	■	■	$A = \frac{a \cdot b}{2}$	C
4	Flächeninhalt des Rechtecks	■	■	$A = \frac{a \cdot h_a}{2}$	D
5	Flächeninhalt des Kreises	■	■	$A = a \cdot b$	E
6	Flächeninhalt des rechtwinkeligen Dreiecks	■	■	$A = \frac{e \cdot f}{2}$	F
7	Flächeninhalt des gleichseitigen Dreiecks	■	■	$A = r^2\pi$	G
8	Flächeninhalt des Quadrats	■	■	$A = \frac{a^2 \cdot \sqrt{3}}{4}$	H

☐ Ich kann Ungleichungen lösen.

13. Gib die Lösungsmenge der Ungleichung an mit $G = \mathbb{N}$.

a) $5 \leq y < 7$ L = {________} c) $0 \leq k < 1$ L = {________}

b) $2 \geq g > 0$ L = {________} d) $g \leq 10$ L = {________}

☐ Ich kann mathematische Texte verstehen.

14. Lies den Text genau durch und kreuze die richtigen Aussagen an.

Zwei Lehrerinnen, Frau Holm und Frau Erikson, besichtigten an einem Montag im Juni mit ihren Klassen das Naturhistorische Museum in Wien. Fr. Holm begleitete die 2a (25 Schülerinnen und Schüler), Frau Erikson die 2b (drei Kinder weniger als in der 2a). Beide Klassen wurden von jeweils einem Vater begleitet. An der Kassa zahlte Frau Erikson für beide Klassen 117,50 €. Das war viel Geld, doch glücklicherweise mussten die Erwachsenen nichts zahlen, da sie die Klassen begleiteten. Die beiden Väter freuten sich. Zusammen hatten sie 15 € gespart.

A	Die Klasse 2b wird von 22 Schülerinnen und Schülern besucht.	☐
B	Frau Erikson beaufsichtigte mehr Kinder als Frau Holm.	☐
C	Jedes Kind zahlte 3,50 € Eintritt im Museum.	☐
D	Insgesamt waren es vier Erwachsene und 47 Kinder.	☐
E	Jeder Erwachsenen hätte regulär 7 € Eintritt gezahlt.	☐

☐ Ich kann die Potenzregeln anwenden.

15. Vereinfache, wenn möglich, und gib die Lösung mit Hilfe von Potenzen an

a) $5^3 \cdot 5^4 =$ ______

b) $7^0 + 7^1 =$ ______

c) $(6^3 \cdot 6^2) : 6 =$ ______

d) $(8\,g)^2 \cdot 8^4 =$ ______

e) $3^3 : 3^1 =$ ______

f) $9^5 : 9\,s^2 =$ ______

g) $(10^1)^4 =$ ______

h) $(4^{5f})^3 =$ ______

i) $(-2{,}5 \cdot z^3 \cdot w)^2 =$ ______

j) $(-6)^3 =$ ______

k) $\left(\frac{v^2}{5k}\right)^2 =$ ______

l) $\left(-\frac{p}{3}\right)^5 =$ ______

☐ Ich kann Gleichungen lösen.

16. Ordne die Lösungen den jeweiligen Gleichungen zu.

1	$5 = 2k$	■
2	$3k + 8 = 17$	■
3	$\frac{1}{2}k = 2$	■
4	$7k - 6 = 1$	■

■	$k = 1$	A
■	$k = 2$	B
■	$k = 2{,}5$	C
■	$k = 3$	D
■	$k = 4$	E
■	$k = 6$	F

☐ Ich kann mathematische Aussagen verstehen.

17. Ein Bauer besitzt K Kühe und H Hühner. Interpretiere die folgende Gleichung.

a) $K + 2 = H$ Der Bauer hat zwei ______ mehr als ______

b) $H = 3K$ Der Bauer ______

☐ Ich kann Bruchzahlen, Dezimalzahlen und Prozente umwandeln.

18. Ergänze die Tabelle.

	Bruch	Dezimalzahl	Prozent
a)	$\frac{1}{2}$		50 %
b)		0,25	
c)		0,125	
d)	$\frac{3}{4}$		
e)			1 %

☐ Ich kann mit einem Maßstab arbeiten.

19. Ergänze die Tabelle.

	a)	b)	c)	d)	e)
Maßstab	1 : 2	1 : 50	1 : 100 000		1 : 30
Plan	4 cm		3 mm	17 cm	
Wirklichkeit		200 dm		17 m	9,3 km

☐ Ich kann Symmetrieachsen einzeichnen.

20. Zeichne alle Symmetrieachsen ein.

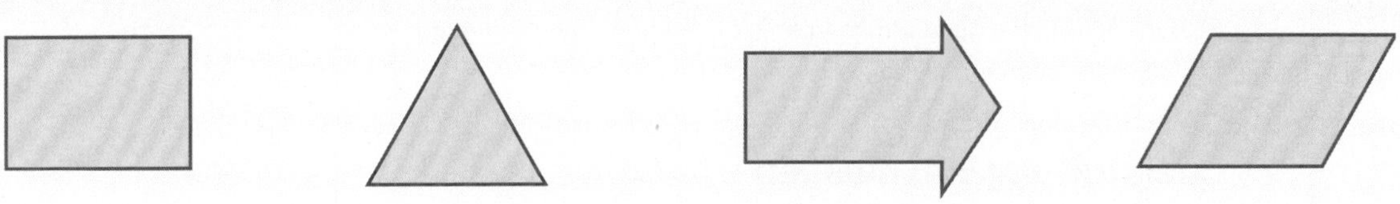

☐ Ich kenne die Formeln für Würfel, Quader, Kegel, Pyramide, Kugel und Zylinder.

21. Ordne die Formeln den passenden Kontexten zu.

1	Oberfläche eines Würfel	■	■	$M = 2r\pi h$	A
2	Volumen einer Pyramide	■	■	$V = \frac{G \cdot h}{3}$	B
3	Mantel des Kegels	■	■	$O = 6a^2$	C
4	Volumen der Kugel	■	■	$O = 2(ab + ac + bc)$	D
5	Oberfläche des Quaders	■	■	$V = a^3$	E
6	Volumen eines Würfels	■	■	$V = \frac{4}{3}r^3\pi$	F
7	Mantel eines Zylinders	■	■	$M = r\pi s$	G
8	Oberfläche der Kugel	■	■	$O = 4r^2\pi$	H

1 Zahlen und Zahlenmengen

1.1 Mengen

22. Kreuze alle Elemente der angegebenen Zahlenmenge an. Die Summe der *nicht* angekreuzten Zahlen ergibt 369,1.

a) $\mathbb{N}_u$:	☐ 13	☐ $\sqrt{9}$	☐ 88	☐ 1	☐ 0	☐ 66	☐ 35	☐ 9	☐ 12	☐ 34
b) $\mathbb{P}$:	☐ −8	☐ 100	☐ 37	☐ 59	☐ 51	☐ 23	☐ 21	☐ 0	☐ 41	☐ 5
c) $\mathbb{Z}$:	☐ −4	☐ 9	☐ 22	☐ 11	☐ 0	☐ −5	☐ 6,7	☐ −2,1	☐ 88	☐ $\frac{1}{2}$

AG-R 1.1 **M** **23.** Kreuze die zutreffende(n) Aussage(n) an.

A	Die Menge der natürlichen Zahlen ist eine Teilmenge in der Menge der ganzen Zahlen.	☐
B	Die Menge der ganzen Zahlen ist eine Teilmenge in der Menge der reellen Zahlen.	☐
C	Die Menge der geraden natürlichen Zahlen ist eine Teilmenge der Menge der natürlichen Zahlen.	☐
D	Die Menge der negativen reellen Zahlen ist eine Teilmenge der Menge der ganzen Zahlen.	☐
E	Die Menge der positiven ganzen Zahlen ist die Menge der natürlichen Zahlen ohne Null.	☐

Darstellung von Mengen

24. Gegeben ist ein Mengendiagramm (Venn-Diagramm). Gib die dargestellte Menge in aufzählender und beschreibender Darstellung an.

a)

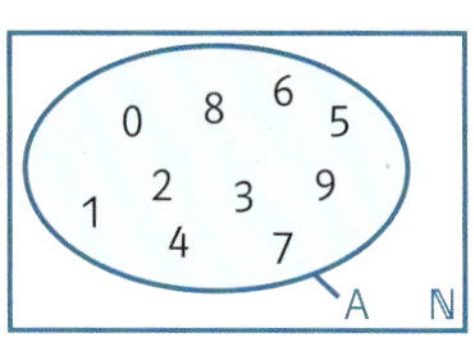

b)

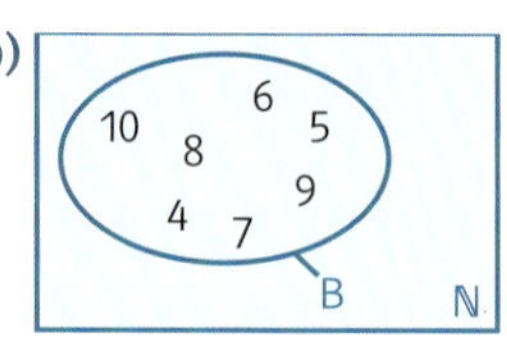

Verknüpfung von Mengen

25. Die 6A fährt auf Sportwoche. Es sei S die Menge aller Schülerinnen und Schüler, die an dieser Schulveranstaltung teilnehmen, B die Menge der Schüler und M die Menge der Schülerinnen. Mit dem Buchstaben W wird die Menge der Schülerinnen und Schüler bezeichnet, die eine Wassersportart gewählt hat. Beschreibe die Menge auf Seite 11 oben in Worten.

a) $B \cap W$ ______

b) $M \cup W$ ______

c) $S \setminus W$ ______

d) $M \setminus B$ ______

1.2 Zahlenmengen

26. Schreib die gegebenen Zahlen in die passenden Bereiche.

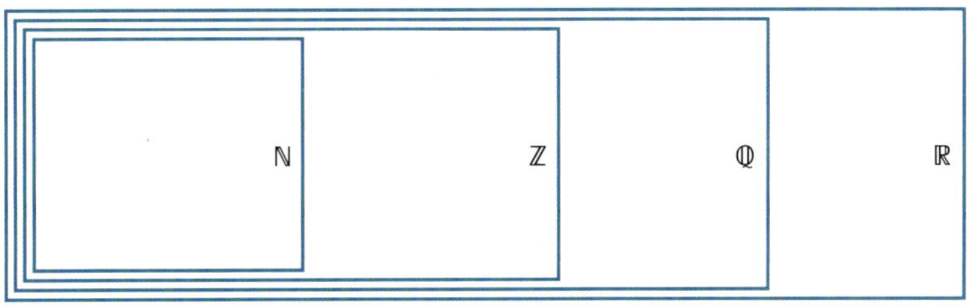

$\sqrt{5}$; 2,74; $\sqrt[3]{8}$, 123; $7,\overline{12}$; $0,0\dot{4}$; $\frac{2}{9}$; π, $\sqrt{\frac{2}{3}}$,

AG-R 1.1 **M** **27.** Kreuze die zutreffende(n) Antwort(en) an.

A	Jede natürliche Zahl hat einen Nachfolger in ℕ.	☐
B	Es gibt eine größte ganze Zahl.	☐
C	Jede rationale Zahl ist auch eine ganze Zahl.	☐
D	Die natürlichen Zahlen sind eine Teilmenge der reellen Zahlen.	☐
E	Jede ganze Zahl ist eine rationale Zahl.	☐

28. Ergänze die fehlende Darstellung des Intervalls.

$(-3; 8]$		$(-\infty; 0]$	
	$\{x \in \mathbb{R} \,/\, 1 \leq x \leq 5\}$		$\{x \in \mathbb{R} \,/\, x > 7\}$

1.3 Prozentrechnen

29. Schreib mit Hilfe von Veränderungsfaktoren an.

Beispiel: G wurde um 18 % erhöht ______ $1{,}18 \cdot G$

a) G wurde um 27,4 % vermindert ______

b) G wurde auf 27,4 % vermindert ______

c) G ist um 4,3 % größer als H ______

d) G ist um 4,3 % kleiner als H ______

e) G wurde erst um 2,03 % erhöht und dann um 13 % vermindert ______

f) G wurde dreimal hintereinander um 5 % reduziert ______

30. Setze die fehlenden Werte in den Lückentext ein.

a) Nach einer 12-prozentigen Preiserhöhung kostet ein Elektrogerät 201,6 Euro. Somit war der ursprüngliche Preis ________ Euro.

b) Im Zuge einer 4-prozentigen Anhebung stieg ein Preis um 65,6 Euro. Somit betrug der Preis ursprünglich ________ Euro.

1.4 Gleitkommadarstellung

31. Ergänze die Tabelle.

Festkommadarstellung	456,2013	0,00501	12 318,14			
normierte Gleitkommadarstellung				$1,305 \cdot 10^{8}$	$0,072 \cdot 10^{-5}$	$2,4001 \cdot 10^{-11}$

32. Schreib in Festkommadarstellung (ohne Verwendung von Zehnerpotenzen) an.

a) $2,3087 \cdot 10^{8}$ ________

b) $0,0045 \cdot 10^{-3}$ ________

c) $3,560 \cdot 10^{0}$ ________

d) $5,6903 \cdot 10^{4}$ ________

1.5 Das binäre Zahlensystem

33. Wandle folgende Zahlen von binärer Darstellung in Dezimaldarstellung um. Die Summe aller Ergebnisse ergibt die Binärzahl 100101011.

a) 101010 **b)** 10100110 **c)** 1011011

34. Rechne in die binäre Darstellung um.

a) $(356)_{10}$ ________

b) $(183)_{10}$ ________

c) $(202)_{10}$ ________

d) $(999)_{10}$ ________

35. Die Abbildung zeigt eine binäre Uhr.

a) Erläutere, wie die Uhrzeit bei einer solchen Uhr abgelesen wird.

b) Stelle die Uhrzeit 14:56:47 wie im Beispiel dar.

Stunden ☐ ☐ ☐ ☐ ☐ ☐
Minuten ☐ ☐ ☐ ☐ ☐ ☐
Sekunden ☐ ☐ ☐ ☐ ☐ ☐

Example: 23:10:37

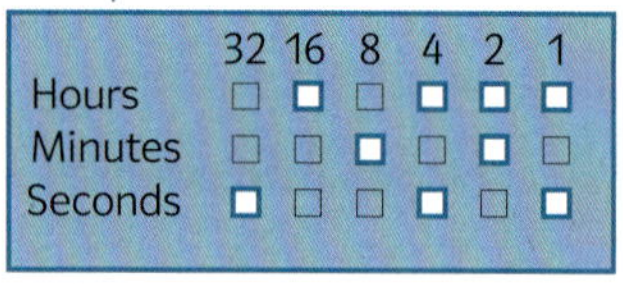

23 (hours) is coded as: 16 + 4 + 2 + 1 = 23
10 (minutes) is coded as: 8 + 2 = 10
37 (seconds) is coded as: 32 + 4 + 1 = 37

1.6 Sinnvolles Runden

36. Runde jeweils wie angegeben und kreuze die richtige Lösung an.

a) 34,872 auf Zehntel

☐ 30 ☐ 34,8 ☐ 34,92 ☐ 34,9

b) 0,155 auf Hundertstel

☐ 0 ☐ 0,15 ☐ 0,156 ☐ 0,16

37. Setze die fehlenden Werte in den Lückentext ein.

a) Ein Messwert x wird mit 12,03 cm angegeben. Dann weiß man, dass x zwischen ________ cm und ________ cm liegt.

b) Ein Messwert x wird mit 8,20 kg angegeben. Dann weiß man, dass x zwischen ________ kg und ________ kg liegt.

c) Die Seitenlängen eines rechteckigen Tisches wurden mit 0,7 m und 2,0 m angegeben. Dann liegt der Flächeninhalt des Tisches zwischen ________ m^2 und ________ m^2.

Vernetzung – Typ-2-Aufgaben

Typ 2 M **38.** Im Bereich der Mikroskopie spielen kleine Zahlen eine große Rolle. Das Lichtmikroskop ermöglicht es, Gegenstände bis zu $2 \cdot 10^3$-fach vergrößert darzustellen. Das Auflösungsvermögen (Unterscheidbarkeit feiner Strukturen) liegt, da es von der Wellenlänge des sichtbaren Lichtes abhängig ist, bei 190,38 Nanometer (nm). Damit lassen sich auch einzellige Organismen, wie zum Beispiel Kieselalgen mit einer Länge von 39,8 Mikrometern (μm) genau betrachten.
Mit dem Elektronenmikroskop ist sogar eine Auflösung bis zu $120{,}5 \cdot 10^{-12}$ m möglich, da bei diesem Gerät mit Elektronenstrahlen gearbeitet wird. Dieses Mikroskop liefert Bilder mit bis zu 10^6-facher Vergrößerung.

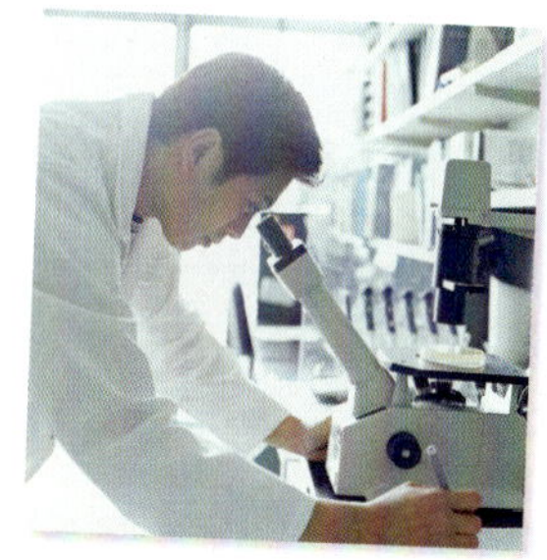

a) Die Zahlen im Informationstext gehören unterschiedlichen Zahlenmengen an. Kreuze die zutreffenden Aussagen an.

A	190,38 ist eine rationale Zahl.	☐
B	10^6 ist keine natürliche Zahl.	☐
C	$120{,}5 \cdot 10^{-12}$ ist eine irrationale Zahl.	☐
D	39,8 ist weder eine ganze, noch eine reelle Zahl.	☐
E	$2 \cdot 10^3$ ist eine natürliche Zahl.	☐

b) Vervollständige den Text so, dass er korrekt ist.

Da das Auflösungsvermögen eines Lichtmikroskops bei ___1___ liegt, kann man Algen mit einer Länge von ___2___ damit betrachten.

1		2	
$1903{,}8 \cdot 10^{-9}$ m	☐	$3{,}98 \cdot 10^{-6}$ m	☐
$0{,}19038 \cdot 10^{-4}$ mm	☐	$39{,}8 \cdot 10^{-6}$ mm	☐
$190\,380 \cdot 10^{-12}$ m	☐	$39{,}8 \cdot 10^{-6}$ m	☐

c) Eine $0{,}43 \cdot 10^{-2}$ mm lange Alge wird im Elektronenmikroskop dargestellt und um das 10^4-fache vergrößert. Ermittle, wie groß die Alge dargestellt wird. Gib die Zahl in normierter Gleitkommadarstellung an.

d) Viele Kieselalgen können sich auf einem festen Untergrund mit Hilfe einer Raphe (= spaltförmigen Durchbruch in den Schalen) fortbewegen. Ihre Geschwindigkeit beträgt dabei ungefähr $2 \cdot 10^{-5}$ m pro Sekunde. Gib die Geschwindigkeit in km/h an.

e) Kieselalgen sind Photosynthese betreibende Pflanzen und werden daher zur Biomasse der Erde gezählt. Die Landpflanzen machen allerdings mit einer Masse von $73{,}7 \cdot 10^{14}$ g ca. 98,7 % der Biomasse aus. Berechne die gesamte Biomasse in Tonnen.

2 Terme

2.1 Termbegriff

39. Berechne, wenn möglich, den Wert des gegebenen Terms für die gegebene Belegung.

	Term	Belegung	Wert
a)	$T(u) = \sqrt{5u - 1}$	$u = 10$	
b)	$T(s) = \frac{1}{s+7} - \frac{1}{s-7}$	$s = 7$	
c)	$T(a, b) = a^2 + b^2 + \frac{1}{a+b}$	$a = 2, b = 3$	

AG-R 1.2 **M** **40.** Gegeben ist die Oberflächenformel $O = 2r\pi h + r\pi s$ zur Berechnung der Oberfläche eines Turmes. Kreuze die zutreffenden Aussagen an.

	Aussage	zutreffend
A	π ist eine Variable.	☐
B	Jede Variable ist ein Term.	☐
C	$2r\pi h + r\pi s$ ist ein Term.	☐
D	$2r\pi h + r\pi s$ ist äquivalent zu $r\pi\,(2h + s)$.	☐
E	π ist ein Term.	☐

Gib die Definitionsmengen der Terme in den Aufgaben 39 und 40 an. Die Lösungen sind in der Tabelle darunter zu finden.

41. Gib die Definitionsmenge des gegebenen Terms ($G = \mathbb{R}$) an.

a) $T(a) = \sqrt{2a^4 + a^2}$ ____________ **c)** $T(y) = \sqrt{|y|}$ ____________

b) $T(u) = \frac{u}{u+1}$ ____________ **d)** $T(b) = |\sqrt{b}|$ ____________

42. Gib die Definitionsmenge des gegebenen Terms ($G = \mathbb{R}$) an.

a) $T(x) = \frac{1}{2-x} + \frac{1}{x^2-1}$ ____________ **c)** $T(x) = \sqrt{x + 8}$ ____________

b) $T(x) = \frac{5}{(x+2)\cdot(x-3)\cdot(x+4)}$ ____________ **d)** $T(x) = \sqrt{1 - |x|}$ ____________

$\mathbb{R}$	$\mathbb{R} \setminus \{-4; -2; 3\}$	$[-8; \infty)$	$[0, \infty)$	$\mathbb{R}$	$\mathbb{R} \setminus \{-1; 1; 2\}$	$[-1; 1]$	$\mathbb{R} \setminus \{-1\}$

2.2 Operieren (Rechnen) mit Termen

Rechnen mit Potenzen

43. Vereinfache jeweils mit Hilfe der Rechenregeln für Potenzen.

a) $x^{11} \cdot x^5$ ______ c) $y^{14} : y^3$ ______ e) $(2a^7)^3 \cdot (3a^2)^2$ ______

b) $y^{5n+4} \cdot y^{2n-1}$ ______ d) $(z^{2n+5})^4 : (z^{n-3})^3$ ______ f) $(x^8)^5 : x^7$ ______

AG-R 1.2 M **44.** Terme mit Potenzen können unterschiedlich dargestellt werden. Ordne die Terme in der einen Spalte den passenden Termen in der anderen Spalte zu.

1	$a^{3b} \cdot a^{2b}$	■
2	$a^{3b} : a^{2b}$	■
3	$(a^{3d})^{2d}$	■
4	$a^{3d} \cdot a^{2d}$	■

■	a^{5d}	A
■	a^{b}	B
■	a^{5b}	C
■	a^{6b^2}	D
■	a^{6d^2}	E
■	a^{d}	F

Binomische Formeln

45. Berechne mit Hilfe der binomischen Formeln.

a) $(2x + 9y)^2$ b) $(-7a^5 - 2b^2)^2$ c) $(-x^3 + 2y)^2$ d) $(s^6 + 5t^3) \cdot (s^6 - 5t^3)$

46. Ergänze die fehlenden Einträge.

a) $(x^2 +$ ______ $)^2 =$ ______ $+ 6x^2y +$ ______

c) (______ − ______ $)^2 = 16a^4 -$ ______ $+ 9b^6$

b) (______ − ______ $)^2 =$ ______ $- 6a^6b^3 + a^{10}b^2$

d) $(2x^3 +$ ______ $) \cdot ($ ______ $- 5y) = 4x^6 - 25y^2$

Faktorisieren

47. Faktorisiere die Terme vollständig.

a) $24x^7y^5 - 15x^2y^6 + 12xy^3$ b) $9x^6 - 30x^3z^2 + 25z^4$ c) $3a^4b^4 + 36a^3b^5 + 108a^2b^6$

48. Kürze die gegebenen Bruchterme.

a) $\frac{2x^3 - 6x^2}{3x^2 - 9x}$ ______ b) $\frac{4x^2 + 12xy + 9y^2}{10x + 15y}$ ______ c) $\frac{x^8 - 1}{2x^4 - 2}$ ______

49. Setze das Produkt der gegebenen Terme in das entsprechende Feld ein.

$\cdot$	$(3a^4b^5)^4$	$(2a^{n+3}b)^5$	$5a^3b^7 + 2a^4$	$a^2b - ab^2$
$5ab^6$				
$a^{2n+3}b^{n-2}$				
$1-(ab^2)^5$				
$a^3 - ab^2$				

Äquivalenz von Termen

50. Begründe, dass die beiden Terme T_1 und T_2 nicht äquivalent sind.

a) $T_1(t) = \frac{t^2 - 6t + 9}{t - 3}$ und $T_2(t) = t - 3$

b) $T_1(s) = |s^2 - 6|$ und $T_2(s) = s^2 - 6$

2.3 Aufstellen und Interpretieren von Termen

51. Stelle den passenden Term auf.

a) Das um 3 vermehrte Doppelte von b ______

b) Das um 7 verminderte Quadrat der Hälfte von u ______

c) Das Quadrat der um 7 verminderten Hälfte von u. ______

d) Das um 12,8 % verminderte Dreifache von z. ______

e) Das auf 4,12 % reduzierte Quadrat von y. ______

52. Gib eine Interpretation für den gegebenen Term an.

Kontext	Interpretation
Ein rechteckiges Feld mit Länge l und Breite b (in Meter) wird eingezäunt. Ein Meter Zaun kostet p Euro.	$2 \cdot (l + b) \cdot p$ bezeichnet ______
In einem Stall stehen p Pferde und k Kühe. Jedes Pferd frisst täglich u kg Heu, jede Kuh frisst täglich w kg Heu. Der Landwirt hat einen Heuvorrat von V kg.	■ $p \cdot u$ bedeutet ______ ■ $p \cdot u + k \cdot w$ bedeutet ______ ■ $5 \cdot k \cdot w$ bedeutet ______ ■ $\frac{V}{p \cdot u + k \cdot w}$ bedeutet ______
Eine m Jahre alte Mutter hat eine t Jahre alte Tochter und einen s Jahre alten Sohn.	■ $\lvert s - t \rvert$ bedeutet ______ ■ $m - t$ bedeutet ______

53. Gib eine Interpretation für den gegebenen Term an.

Von den Endpunkten einer s km langen Strecke fahren PKWs A und B mit konstanten Geschwindigkeiten v_A km/h bzw. v_B km/h einander entgegen.	▪ $2 \cdot v_A$	bedeutet ______
	▪ $\frac{s}{v_B}$	bedeutet ______
	▪ $\frac{s}{v_A + v_B}$	bedeutet ______
Um einen a m langen und b m breiten Pool soll ein d m breiter Weg mit quadratischen Fliesen gepflastert werden. Eine Fliese hat A m² Flächeninhalt und kostet p Euro.	▪ $(a + 2d) \cdot (b + 2d) - a \cdot b$	bedeutet ______
	▪ $\frac{(a + 2d) \cdot (b + 2d) - a \cdot b}{A}$	bedeutet ______
	▪ $\frac{(a + 2d) \cdot (b + 2d) - a \cdot b}{A} \cdot p$	bedeutet ______

Vernetzung – Typ-2-Aufgaben

Typ 2 **M** **54.** Auf der Rückseite der 1-Dollar-Note befindet sich ein Pyramidenstumpf mit einem Auge darüber. Viele halten diese Symbole für Zeichen der Freimaurer, dem ersten Illuminatenorden. Andere interpretieren das Auge als das „allsehende Auge Gottes". Die unvollendete Pyramide soll zeigen, dass die USA noch an ihrer Vollendung arbeitet

Die Zeichnung zeigt einen geraden Pyramidenstumpf, die Formeln zur Berechnung des Volumens und der Oberfläche dieses Körpers sind unten angeführt.

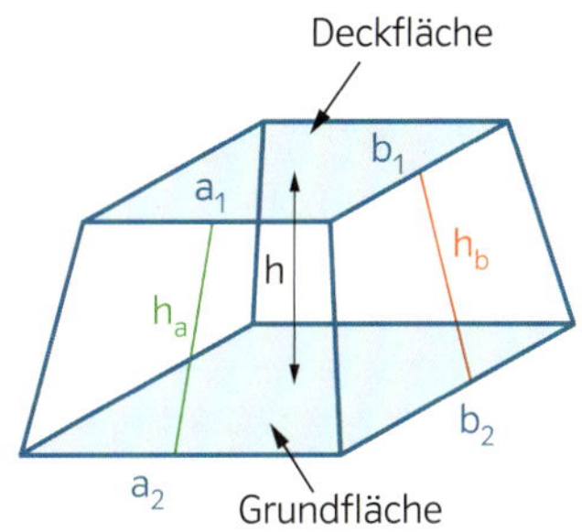

$V = \frac{1}{3} h (a_2 b_2 + \sqrt{a_2 b_2 \cdot a_1 b_1} + a_1 b_1)$

$O = a_2 b_2 + a_1 b_1 + M$

a) Gib an, welche der folgenden Aussagen im Zusammenhang mit den gegebenen Formeln zutreffend sind. Kreuze die zutreffenden Aussagen an.

A	Jede Variable ist ein Term.	☐
B	$V = \frac{1}{3} h (a_2 b_2 + \sqrt{a_2 b_2 \cdot a_1 b_1} + a_1 b_1)$ ist ein Term.	☐
C	h ist ein Term.	☐
D	$\frac{1}{3}$ ist kein Term.	☐
E	Jede Zahl ist ein Term.	☐

b) Ermittle das Volumen des Pyramidenstumpfes mit $a_1 = 3$, $b_1 = 2$, $a_2 = 5$, $b_2 = 6$ und $h = 7$.

c) Interpretiere den angegebenen Term $\frac{1}{3} h (a_2^2 + \sqrt{a_2^2 \cdot a_1^2} + a_1^2)$ im gegebenen Kontext.

d) Stelle einen Term für den Mantel des Pyramidenstumpfes auf.

3 Gleichungen und Formeln

3.1 Gleichungen

Gleichungen, Grundmenge, Definitionsmenge

55. Kreuze die Zahlen an, die Lösungen der Gleichung sind. Wenn die Ergebnisse korrekt und vollständig sind, erkennst du den 11. Buchstaben des Alphabets.

a)	$3x+7=-2$	$\frac{-6}{2}$	$-0{,}5$	-1	3	-3	$\frac{-5}{3}$
b)	$1{,}5t-6=0$	4	0	-4	$\frac{12}{3}$	2	$\frac{1}{4}$
c)	$18=2w-9$	$\frac{27}{2}$	$\frac{18}{6}$	$13{,}5$	0	$\frac{2}{8}$	18
d)	$4x=2x+17$	$8{,}5$	$\frac{34}{4}$	$\frac{17}{2}$	8	$-8{,}5$	3
e)	$z+0{,}6=-\frac{4}{10}$	-1	1	$\frac{6}{5}$	$-\frac{5}{5}$	3	$-\frac{6}{5}$
f)	$4d+3=2d+11$	4	$\frac{11}{3}$	2	3	$\frac{12}{3}$	$-\frac{8}{2}$

56. Gib an, welche Zahlen für die Variable eingesetzt werden dürfen.

a) $\frac{13}{x}=5$ b) $\frac{6}{x+9}=1$ c) $10=\frac{x+3}{x-3}$ d) $\sqrt{x}=29$ e) $\sqrt{x+7}=7$

Gleichungen lösen – Äquivalenzumformungen

57. Gegeben ist die Gleichung a) $\frac{2}{3}x-\frac{1}{2}=1{,}5$ b) $ax+b=c$. Führe die Anweisungen nacheinander aus und vergleiche, ob dein Endergebnis mit dem unten stehenden Ergebnis übereinstimmt.

Multipliziere die Gleichung mit 6	a)	b)
Addiere 2k zur Gleichung		
Subtrahiere b zur Gleichung		
Verdopple die Gleichung		
Dividiere durch 4		
Subtrahiere 156		
Halbiere die Gleichung		

Das Endergebnis lautet:

a) $x-0{,}75+0{,}5k-0{,}25b-78=2{,}25+0{,}5k-0{,}25b-78$

b) $1{,}5ax+1{,}25b+0{,}5k-78=1{,}5c+0{,}5k-0{,}25b-78$

58. Löse die Gleichung und kreuze das korrekte Ergebnis an.

a) $5(5x+9) = 3x + 2(x+1)10$

☐ -25 ☐ $-12{,}5$ ☐ $12{,}5$ ☐ 25 ☐ 0

b) $6x(3+2) = 12x + x + \frac{14x}{2} + 10$

☐ 1 ☐ -1 ☐ 0 ☐ -2 ☐ 2

c) $2x^2 + 19 = x(x+3) - 9x + x^2$

☐ $-3{,}1$ ☐ $3{,}16$ ☐ $3{,}17$ ☐ $-3\frac{1}{6}$ ☐ $3\frac{1}{6}$

59. Gegeben ist die Gleichung $7x + 3 = 4x + c$. Setze für c einen Term ein, so dass die Gleichung die gegebene Anzahl von Lösungen besitzt. Kreuze die beiden möglichen Terme an.

a) Eine Lösung.

☐ 9 ☐ $(-1)\cdot(-3x+3)$ ☐ $3x$ ☐ $3x+3$ ☐ 0

b) Unendlich viele Lösungen.

☐ $\frac{27+27x}{9}$ ☐ $(-1)\cdot(-3x+3)$ ☐ 0 ☐ $3x+3$ ☐ 9

c) Keine Lösung.

☐ 0 ☐ $(-1)\cdot(-3x+3)$ ☐ 9 ☐ $3x+3$ ☐ $3x$

AG-R 2.2 M **60.** Welche Gleichungen sind äquivalent ($D = \mathbb{R}$)? Ordne zu.

1	$7x + 0{,}75 = \frac{3}{4}$	
2	$7x = 7$	
3	$9x - 2x = 21$	
4	$0{,}5x \cdot 14 = 35$	

A	$4x : 2 = \frac{81}{27} \cdot 2$
B	$x = 1$
C	$16x + 10 = 18x$
D	$x - 2x = 5$
E	$2{,}5 + 3x = \frac{130}{52}$
F	$0 = x - 2$

3.2 Formeln

Umformen von Formeln

61. Forme die Formel um.

a) $O = 4r^2\pi$ $r =$ ______

b) $V = \frac{G \cdot h}{3}$ $G =$ ______ $h =$ ______

c) $h^2 = p \cdot q$ $p =$ ______ $q =$ ______ $h =$ ______

d) $M = a \cdot h_a + b \cdot h_b$ $h_a =$ ______ $b =$ ______ $a =$ ______

62. Forme die Formel nach den angegebenen Variablen um.

a) $P = \frac{(ax - bx)^2}{6}$ $a =$ ______ $b =$ ______ $x =$ ______

b) $\frac{1}{f} = \frac{1}{a} + \frac{1}{b}$ $b =$ ______ $a =$ ______ $f =$ ______

c) $O = 2(ab + ac + bc)$ $b =$ ______ $a =$ ______ $c =$ ______

AG-R 2.1 M **63.** Gegeben ist die Formel $a = \frac{(b+c) \cdot d}{e \cdot f}$. Kreuze die richtigen Umformungen an.

A ☒ $a \cdot e \cdot f = (b+c) \cdot d$
C ☒ $e \cdot f = \frac{(b+c) \cdot d}{a}$
E ☐ $a \cdot f = \frac{(b+c) \cdot d^2}{ed}$
B ☐ $d = \frac{(b+c) \cdot a}{e \cdot f}$
D ☐ $f = \frac{(b+c) \cdot de}{a}$

AG-R 2.1 M **64.** Die Flagge der Dominikanischen Republik besteht aus einem Rechteck, welches in vier kleinere Rechtecke (zwei blaue und zwei rote) unterteilt ist. Diese Vierecke sind durch ein weißes Kreuz voneinander getrennt. (siehe Abbildung). Das Kreuz ist c cm breit, die kleineren Rechtecke sind g cm breit und j cm lang. Dadurch ergibt sich die Formel für den Flächeninhalt des Kreuzes $A = 2cg + c^2 + 2cj$. Forme um und kreuze die richtigen Aussagen an.

A ☐ $\frac{A - cj - c^2}{c} = g$
C ☐ $A = c \cdot [2 \cdot (g + j) + c]$
E ☐ $\frac{A - c(c + 2g)}{2c} = j$
B ☐ $j = \frac{A - 2g - c}{2}$
D ☐ $\frac{A - 2cj + c^2}{2c} = g$

Aufstellen von Formeln

65. Das Element Kupfer ist der Bestandteil von verschiedenen Baumaterialien. Eine Firma produziert drei Arten von Rohren. Jährlich werden von der ersten Sorte 34 000 Stück zu a € pro Stück und von der zweiten Sorte 75 000 Stück zu b € pro Stück verkauft. Die Stückzahl x und der Preis pro Stück c für die dritte Sorte sind jedes Jahr anders. Stelle eine Formel auf, die die mittleren jährlichen Einnahmen E der Firma pro Rohr beschreibt.

E = ____________________

66. In einem Wald sind 15 % der Bäume b, 20 % der Sträucher s und 30 % der krautigen Pflanzen k geschädigt. Kreuze die Formel an, die angibt, wie viele Pflanzen geschädigt sind.

☐ $0{,}85b + 0{,}8s + 0{,}7k$ ☐ $15b + 20s + 30k$ ☒ $0{,}15b + 0{,}2s + 0{,}3k$

67. Daniela hat sich eine quaderförmige Holzkiste mit den Seitenlängen a cm und b cm und der Höhe c cm gekauft. Diese möchte sie nun bunt bemalen. Die Kiste ist oben offen. Jede Fläche soll innen und außen farbig gestrichen werden, der Boden der Kiste bleibt allerdings außen unbehandelt. Stelle eine Formel für die Berechnung der zu bemalenden Fläche auf.

____

68. Gib eine Formel für den Mantel eines regelmäßigen, achteckigen Prismas (Höhe: a cm, Seitenlänge: b cm) an.

M = ____________________

AG-R 2.1 M **69.** Ein Pizzabäcker erklärt die Preise für seine Pizzen so: „Ich berechne einem Kunden für eine Pizza Margaritha (= Pizzateig, Tomatensauce, Käse) a €. Jede weitere Zutat kostet b € mehr, Kinder zahlen vom Gesamtpreis G nur 60 %." Kreuze an, welche Formel den Preis einer Kinderpizza ausdrückt, x ist dabei die Anzahl der Zutaten.

A ☐ $G = (a \cdot x + b) \cdot 0{,}6$
C ☐ $G = 0{,}6a + bx$
E ☐ $G = 60a + bx$
B ☐ $G = 0{,}6(a + bx)$
D ☐ $G = 0{,}6a + 0{,}6b + 0{,}6x$
F ☐ $G = 0{,}4(a + bx)$

70. Für die Anzahl w der Schülerinnen und die Anzahl u der Schüler einer Wiener Schule kann man folgende Aussagen machen:

(i) Die Anzahl der Schüler in dieser Schule ist um 237 kleiner als jene der Schülerinnen.
(ii) Es sind halb so viele Schüler wie Schülerinnen in dieser Schule eingeschrieben.

Stelle Formeln auf, die die Aussagen über die Anzahl der Schülerinnen und Schüler korrekt wiedergeben.

(i) ______________________ (ii) ______________________

71. Stelle eine Formel für die Berechnung der grün gefärbten Fläche auf (Seitenlänge des Quadrats = a).

a) 

A = ______________

b) 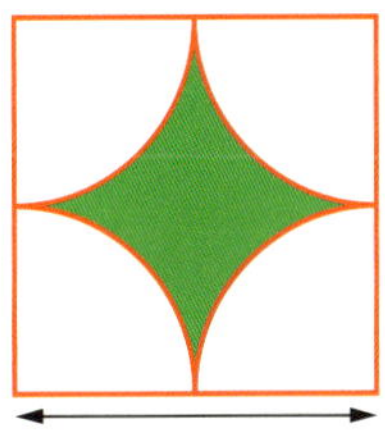

A = ______________

Vernetzung – Typ-2-Aufgaben

Typ 2 M **72.** Die spezifische Wärmekapazität c gibt an, wie viel Energie man benötigt, um 1 kg eines Stoffes um 1 °C zu erwärmen. Sie wird in kJ/(kg · K) gemessen. Wenn man die spezifische Wärmekapazität (c) und die Masse eines Stoffes (m) in Kilogramm, sowie die benötigten Temperaturen in Grad Celsius (C) oder Kelvin (K) kennt, kann man berechnen, welche Wärmemenge (Q) in KiloJoule (kJ, Einheit der Wärmemenge) notwendig ist, um einen bestimmten Stoff zu erwärmen.

Dazu verwendet man in der Physik die Formel: $Q = c \cdot m \cdot \Delta T$. Dabei ist ΔT die Differenz zwischen T_1 (Anfangstemperatur) und T_2 (Endtemperatur), also $T_2 - T_1$. Da nur mit Temperaturdifferenzen gearbeitet wird, ist es egal, ob man in Celsius oder Kelvin rechnet.

Spezifische Wärmekapazitäten verschiedener Stoffe

Stoff	c in kJ/(kg · K)	Stoff	c in kJ/(kg · K)	Stoff	c in kJ/(kg · K)
Wasser	4,19	Kupfer	0,38	Porzellan	0,84
Luft	1,05	Aluminium	0,896	Edelstahl	0,5
Eisen	0,452	Asphalt	0,92	Sand	0,835

a) Kreuze an, welche Umformungen der Formel korrekt sind.

Formel	$\frac{Q}{m \cdot \Delta T} = c$	$\frac{Q}{m \cdot c} + T_1 = T_2$	$\frac{T_1}{m \cdot c} = Q - T_2$	$\frac{\Delta T}{c \cdot Q} = m$	$\frac{Q}{c \cdot (T_1 - T_2)} = m$
korrekt	A ☐	B ☐	C ☐	D ☐	E ☐

b) Ermittle die Wärmemenge, die man benötigt, um 150 l Wasser von 14 °C auf 38 °C zu erwärmen.

c) Bestimme, um wie viel Grad Celsius sich 4,8 kg Sand erwärmt haben, wenn die zugeführte Wärmemenge 70 kJ beträgt.

d) Ein quaderförmiger Körper (m = 2976 dag) wird durch eine Energiezufuhr von 350 kJ von −3 °C auf 11 °C erwärmt. Gib an, um welchen Stoff es sich deiner Meinung nach handelt und begründe.

e) Überlege, ob Q auch negativ sein kann und begründe deine Antwort.

4 Lineare Gleichungen und Gleichungssysteme

4.1 Lineare Gleichungen

Lineare Gleichungen mit einer Variablen

73. Löse die Gleichungen und trage die Buchstaben in die passenden Spalten ein.

1) $15 - \frac{3}{4}x = \frac{1}{2}x - 5$ **RA**

2) $8x - \frac{x}{4} = 31$ **B**

3) $\frac{1}{2}x \cdot \frac{2}{7} = 2$ **K**

4) $0{,}6x - 0{,}4x = 20$ **E**

5) $(7m + 3)(7m - 3) = (7m - 3)^2$ **FT**

6) $10b(b - 3) = (5b + 4)(2b + 2)$ **R**

7) $(k + 21)(k + 2) = k^2 + 3k + 40$ **K**

8) $12v(3v + 8) - 10v = (6v + 3)^2 + 41$ **LE**

14	16	$\frac{3}{7}$	$-0{,}1$	1	4	100	$-\frac{1}{6}$
K	RA				B	E	

74. Löse die Textgleichungen.

a) Fünf aufeinander folgende ganze Zahlen ergeben zusammen −395. Nenne die drittgrößte Zahl.

b) Ein Lottogewinn von 140 000 € soll unter den drei Gewinnern A, B und C aufgeteilt werden, wobei B um 40 % weniger als A und C um 20 % mehr als A erhält. Wie viel bekommt A?

c) Gegeben sind die drei Winkel α, β und γ in einem Dreieck. Der Winkel β ist drei Mal so groß wie α, γ ist doppelt so groß wie β. Ermittle γ.

d) Die Summe zweier Zahlen beträgt $16\frac{2}{5}$. Die erste Zahl ist um $7\frac{8}{20}$ größer als die zweite Zahl. Nenne die kleinere Zahl.

Bruchgleichungen, die auf lineare Gleichungen führen

AG-R 2.2 M **75.** Die Bruchgleichung $\frac{3}{3(x+2)} = \frac{2x+7}{8x-4}$ ist gegeben. Welche Werte darf x nicht annehmen?

☐ $-0{,}5$ ☐ $\frac{1}{2}$ ☐ 5 ☐ 2 ☐ $-\frac{4}{2}$

76. Löse die Bruchgleichung $\frac{4x-5}{2x-1} = \frac{2x+3}{x+2}$. Die Lösung ist die Gegenzahl der Ziffernsumme von 130201.

Lineare Gleichungen mit zwei Variablen

77. Eine Gleichung in allgemeiner Form ist gegeben. Wandle diese in die Hauptform um.

a) $5x + 7y = 10$ b) $2x + 0{,}5y = 4$ c) $-x + 3y = 14$ d) $20x + \frac{1}{4}y = 0$

78. Die gegebene Gleichung liegt in der Hauptform vor. Wandle sie in die allgemeine Form um.

a) $y = 3x + 15$ b) $y = 0{,}25x + 0{,}5$ c) $y = -0{,}125x$ d) $y = 5{,}5x - 31$

79. Bauer Kern besitzt 64 Schweine. In seinem Schweinestall hat er verschieden große Boxen. In eine große Box passen vier Schweine und in eine kleine drei Schweine. Aus Effizienzgründen möchte der Bauer nur volle Boxen. Stelle eine lineare Gleichung mit zwei Variablen auf und trage die Möglichkeiten, wie die Schweine aufgeteilt werden können, in die Tabelle ein.

Die lineare Gleichung lautet: ______

Anzahl der belegten großen Boxen						
Anzahl der belegten kleinen Boxen						

AG-R 2.5 M **80.** Ordne jeder Gleichung in der linken Tabelle eine äquivalente Gleichung zu.

1	$2x + 3y = 5$	
2	$x + 3y = 5$	
3	$0{,}5x - 0{,}1y = 1$	
4	$2x - 0{,}4y = 0$	

A	$2x + 6y = 10$
B	$x = 3y - 5$
C	$x + 1{,}5y - 2{,}5 = 0$
D	$x = 0{,}2y$
E	$2x - 0{,}4y = 4$
F	$5 - 3x = y$

4.2 Lineare Gleichungssysteme mit zwei Variablen

Gleichungssysteme lösen

81. Löse die Gleichungssysteme mit dem Einsetzungsverfahren. Alle Lösungen befinden sich zur Kontrolle in den Blasen.

1) $x + y = -2$
$x = 8 + y$

2) $x + 5y = 8$
$x = 18 - 15y$

3) $x - 4y = -3$
$x - y = 3$

4) $x + 3y = 7$
$2x + 10y = 13$

$x = 7{,}75;\ y = -0{,}25$ | $x = 3;\ y = -5$ | $x = 5;\ y = 2$ | $x = 3;\ y = 1$

82. Löse mit dem Gleichsetzungsverfahren. Du müsstest folgende Zahlen als Lösungen für x und y erhalten: −5, −3, 3, 3, 4, 4, 8, 9

1) $x = 3y - 4$
$x = y + 4$

2) $y = 3x - 15$
$y = -2x + 5$

3) $x = -2 - y$
$x = 8 + y$

4) $12 = 16x - 4y$
$12 = x + y$

83. Löse die Gleichungssysteme mit dem Eliminationsverfahren. Kreuze die richtigen Lösungen an und finde das Lösungswort heraus.

1) $x + y = 4$
$x - y = 2$

2) $2x + y = 1$
$-x + y = 4$

3) $0{,}5x + 1 = y$
$-2x - 4 = y$

4) $y = -x + 3$
$y = 2x - 3$

H	M	A	U	S	I	K	T	O	Ü	R	E	N
−1	4	3	−2	1	−4	−3	1	5	0	3	2	−5

84. Betrachte die vier Gleichungssysteme und vervollständige den unten stehenden Satz.

1) I: $x + y = 4$
II: $2x + 2y = 8$

2) I: $3x + y = 4$
II: $3x + y = 7$

3) I: $0{,}5x + 1 = y$
II: $x + 2 = 2y$

4) I: $-3x + 2y = 6$
II: $9x - 6y = -27$

Die Gleichungssysteme ________ und ________ haben unendlich viele Lösungen, die anderen beiden Gleichungssysteme haben keine Lösung.

AG-R 2.5 M **85.** Ordne jeder Gleichung in der rechten Tabelle einer Gleichung aus der linken Tabelle zu, so dass Gleichungssysteme mit unendlich vielen Lösungen entstehen.

$2x + 4y = 15$	A
$4x + 8y = 20$	B
$4x + 8y = 10$	C
$2x + 4y = 30$	D
$2x + 0{,}5y = 5$	E
$0{,}5x + 2y = 5$	F

	$x + 2y = 5$	1
	$2x + 4y = 5$	2
	$2x + 4y = 15$	3
	$4x + y = 10$	4

86. Gegeben sind die Gleichungen I: $0{,}6x + 0{,}1y = \frac{1}{8}$ und II: $6x + y - 0{,}25 = 0$. Kreuze an, wie viel Lösungen man beim Lösen des Gleichungssystems erhält.

☐ keine ☐ eine ☐ zwei ☐ drei ☐ vier ☐ unendlich viele

Aufstellen von Gleichungen

87. In einer Kiste liegen insgesamt 70 gelbe und blaue Bälle. Es sind um ein Drittel mehr gelbe Bälle als blaue Bälle. Stelle zwei Gleichungen auf und berechne die Anzahl der gelben und die Anzahl der blauen Bälle.

1. Gleichung: ______________ 2. Gleichung: ______________

Es sind ________ gelbe und ________ blaue Bälle in der Kiste.

88. In einem Festzelt am Oktoberfest in München werden Bänke mit je drei bzw. fünf Sitzplätze aufgestellt. Insgesamt sind es 50 Bänke mit 204 Plätzen. Berechne die Anzahl der Bänke mit 3 Sitzplätzen und die der Bänke mit 5 Plätzen. Kreuze die beiden richtigen Zahlen an.

☐ 20 ☐ 21 ☐ 22
☐ 23 ☐ 24 ☐ 25
☐ 26 ☐ 27 ☐ 28
☐ 29 ☐ 30 ☐ 31

Lösbarkeit von linearen Gleichungssystemen

AG-R 2.5 M **89.** Gegeben ist eine lineare Gleichung mit zwei Unbekannten.
Stelle eine zweite lineare Gleichung auf, sodass die Lösungsmenge des entstehenden Gleichungssystems keine Lösungen enthält.

I: $6x + y = 51$ II: ______________

AG-R 2.5 M **90.** Gegeben ist ein Gleichungssystem mit zwei linearen Gleichungen mit zwei Unbekannten. Ergänze die fehlenden Koeffizienten so, dass das Gleichungssystem die Lösungsmenge $\{(3|2)\}$ erhält.

I: $3x + 4y = 17$ II: ____ x − ____ y = 3

91. Gegeben ist das Gleichungssystem: $\begin{cases} \text{I: } 5x + cy = 0 \\ \text{II: } -3x + 2y = 7 \end{cases}$. Ermittle, wenn möglich, jeweils eine Zahl für $c \in \mathbb{R}$, für die das Gleichungssystem **a)** keine **b)** eine oder **c)** unendlich viele Lösungen besitzt.

a) ______________ **b)** ______________ **c)** ______________

AG-R 2.5 M **92.** Gegeben ist das lineare Gleichungssystem: $\begin{cases} \text{I: } -bx + 8y = 10 \\ \text{II: } 2x + 2y = 6 \end{cases}$. Ermittle eine Zahl für $b \in \mathbb{R}$, sodass die Lösung $\{(1|2)\}$ ist.

b = ______________

Vernetzung – Typ-2-Aufgaben

Typ 2 M **93.** Eine Badewanne soll mit k Liter Badewasser (35 °C) gefüllt werden. Zur Verfügung steht heißes Wasser (95 °C) und kaltes Leitungswasser (15 °C). Mit Hilfe eines Massenvergleichs und eines Temperaturvergleichs können zwei lineare Gleichungen aufgestellt werden.

I: $x + y = k$ II: $15x + 95y = 35k$

a) Löse das lineare Gleichungssystem in Abhängigkeit von k und bestimme das Verhältnis von kaltem Wasser zu heißem Wasser.

b) Eine Mathematikerin erläutert: „Die Temperaturdifferenz des Badewassers zum kalten Wasser beträgt 20 °C, zum heißen Wasser 60 °C. Deshalb kann man die lineare Gleichung III: $20x + 60y = 0$ aufstellen und mit dieser das Verhältnis ermitteln." Überprüfe die Aussage der Mathematikerin und korrigiere gegebenenfalls die Gleichung.

c) Ändere die Gleichung II so, dass das lineare Gleichungssystem unendlich viele Lösungen besitzt.

Typ 2 M **94.** Gegeben sind die Gleichungen I: $ax + by = c$ und II: $dx + ey = f$ (a, b, c, d, e, und $f \in \mathbb{R}$).

a) Wandle die Gleichung I in die Hauptform um.

b) Gib an, welche Kriterien für a, b, c, d, e und f gelten müssen, damit das lineare Gleichungssystem keine Lösung hat.

c) Gegeben ist $d = 5a$ und $e = 0{,}5b$. Löse das lineare Gleichungssystem. Überlege, ob mit dieser Angabe das lineare Gleichungssystem genau eine Lösung besitzt und begründe deine Aussage.

d) Kreuze an, welche der gegebenen Gleichungen äquivalent zu Gleichung II ist (sind).

A	B	C	D	E
☐	☐	☐	☐	☐
$x = \frac{f+ey}{d}$	$\frac{dx-f}{ey} = 0$	$x = \frac{f-ey}{d}$	$x + y = \frac{f}{d+e}$	$\frac{dx+y}{e} = \frac{f}{e}$

5 Quadratische Gleichungen

5.1 Lösen quadratischer Gleichungen

Löse die quadratischen Gleichungen in den Aufgaben 95, 96 und 97. Die Lösungen findest du in der Denkblase darunter.

95. Löse die Gleichung.

a) $3x^2 = 0$ ______ b) $1{,}5x^2 = 0$ ______ c) $\frac{7}{9}x^2 = 0$ ______ d) $5\frac{1}{2}x^2 = 0$ ______

Gleichungen der Form $a \cdot x^2 + b \cdot x = 0$

96. Löse die Gleichung.

a) $2x^2 + 14x = 0$ b) $8x^2 - 32x = 0$ c) $x(6x - 4) = 0$ d) $3x^2 + \frac{5}{9}x = 0$

Gleichungen der Form $a \cdot x^2 + c = 0$

97. Löse die Gleichung.

a) $x^2 - 225 = 0$ c) $1{,}2x^2 = 4320$ e) $\frac{2}{8}x^2 - 16 = 0$ g) $0{,}5x^2 - \frac{30}{64} = 0$

b) $2x^2 - 72 = 0$ d) $71x^2 - 213 = 0$ f) $\frac{3}{5}x^2 - 1215 = 0$ h) $\frac{3}{15}x^2 = 32000$

0 −6 6 0 $-\sqrt{3}$ −60 0 60 −7 0 8 4 −8 15 −45 $\sqrt{0{,}9375}$ 400 0 45 −15 0 $\frac{2}{3}$ 0 $-\frac{5}{27}$ 0 $-\sqrt{0{,}9375}$ $\sqrt{3}$ −400

98. Eine quadratische Gleichung der Form $dx^2 = 6x$ ist gegeben. Ermittle alle Lösungen der Gleichung in Abhängigkeit von d.

Gleichungen der Form $x^2 + px + q = 0$

AG-R 2.3 M **99.** Quadratische Gleichungen können in der Menge der reellen Zahlen keine, eine oder zwei Lösungen haben. Ordne jeder Lösungsmenge L die entsprechende quadratische Gleichung zu.

1	$L = \{6{,}5\}$	C
2	$L = \{0; 6{,}5\}$	E
3	$L = \{-6{,}5; +6{,}5\}$	F
4	$L = \{\,\}$	B

A	$x^2 = 6{,}5$	✗
B	$x^2 + 42{,}25 = 0$	4
C	$x^2 + 13x + 42{,}25 = 0$	
D	$x^2 = 0$	✗
E	$x^2 - 6{,}5x = 0$	2
F	$x^2 - 42{,}25 = 0$	1

M **100.** Ergänze die quadratische Gleichung auf ein vollständiges Quadrat.

a) $x^2 - 6x + 5 = 0$ b) $x^2 - 10x + 18 = 0$ c) $x^2 - 14x = 52$ d) $2x^2 - 8x = 14$

______ ______ ______ ______

AG-R 2.3 M **101.** Bestimme den Parameter p so, dass die Gleichung $x^2 + px + 16 = 0$ genau eine ganzzahlige Lösung besitzt.

p: ______ x: ______

AG-R 2.3 M **102.** Gegeben ist die Gleichung $x^2 + bx + 3 = 0$. Wähle b so, dass die Diskriminante $D < 0$ ist und $b \in \mathbb{N}_g$.

b = ______

Gleichungen der Form $a \cdot x^2 + b \cdot x + c = 0$

AG-R 2.3 M **103.** Gegeben ist eine quadratische Gleichung der Form $ax^2 + bx + c = 0$. Setze die jeweiligen Zahlen für a, b und c ein und kreuze die richtige Aussage an.

	a	b	c	Zwei Lösungen	Eine Lösung	Keine Lösung
a)	3	−1	−10	☐	☐	☐
b)	5	0	2	☐	☐	☐
c)	1	7	12	☐	☐	☐
d)	4	8	−12	☐	☐	☐
e)	7	0	0	☐	☐	☐

104. Löse die Gleichung und bestimme die Lösungsmenge für (1) $G = \mathbb{N}$ (2) $G = \mathbb{Z}$ (3) $G = \mathbb{R}$.

a) $6x^2 - 36x = 56$ b) $2x^2 - 16x - 130 = 0$ c) $-16{,}5x + 5{,}5x^2 = 11$

(1) ____ (2) ____ (3) ____ (1) ____ (2) ____ (3) ____ (1) ____ (2) ____ (3) ____

105. Die Gleichung $2x^2 + ax - 102 = 0$ besitzt zwei rationale Lösungen. Eine diese Lösungen ist auch die einzige Lösung der Gleichung $2x^2 - 12x + b = 0$. Ermittle a und b und löse die beiden Gleichungen.

a = ______ b = ______ Lösungen: ______

AG-R 2.3 M **106.** Gegeben ist die quadratische Gleichung $4x^2 + 8x + 2s = 0$. Setze für $s \in \mathbb{R}$ eine Zahl ein, so dass die Gleichung genau eine reelle Lösung hat. s = ______

5.2 Quadratische Bruchgleichungen

107. Sarah, Hans und Ali lösen die Bruchgleichung. Sarah behauptet, eine Lösung ist $x = -2$, Ali ermittelt $x = 1$ und Hans kommt bei den Berechnungen auf $x = 3$. Wer hat Recht?

$$\frac{(-x+1)9x}{3x^2+6x} - \frac{16-2x^2-6x}{x^2-4} = \frac{x^2+7x}{x^2+2x}$$

______ hat richtig gerechnet.

108. Bestimme die Definitionsmenge der Bruchgleichungen (G = ℝ). Trage die Buchstaben in die Tabelle ein und du erhältst ein Lösungswort.

1) $\frac{1}{28} + \frac{x}{x+3} = \frac{2x}{3x+4}$ **I**

2) $\frac{2}{x-1} - \frac{1}{x+2} = -2$ **B**

3) $\frac{3}{5x} - \frac{3}{3x} = -\frac{2x+1}{4x-1}$ **N**

4) $\frac{x}{x-2} + \frac{2x}{x+3} = \frac{x+8}{x^2-6+x}$ **MI**

5) $\frac{3x^2-9x-15}{x-3} = \frac{-3x+9}{x-3}$ **A**

6) $\frac{(x+2)^2}{x+3} = \frac{10+5x}{x+3}$ **A**

$D = \mathbb{R} \setminus \{0; 0{,}25\}$	$D = \mathbb{R} \setminus \{-3\}$	$D = \mathbb{R} \setminus \{2; -3\}$	$D = \mathbb{R} \setminus \{1; -2\}$	$D = \mathbb{R} \setminus \left\{-3; -1\frac{1}{3}\right\}$	$D = \mathbb{R} \setminus \{3\}$

5.3 Aufstellen von quadratischen Gleichungen

109. Gib die zwei aufeinanderfolgende natürliche Zahlen an, deren Produkt 6 642 ist.

1. Zahl: ____________ 2. Zahl: ____________

110. Gegeben ist ein Quadrat. Verlängert man jede Seite um 2 dm, so ist der neu entstandene Flächeninhalt vier Mal so groß. Berechne die ursprüngliche Seitenlänge des Quadrats. Kreuze die richtige Lösung an.

☐ 2 dm ☐ $\frac{8}{2}$ dm ☐ −2 dm ☐ 1,5 dm ☐ $\frac{3}{2}$ dm

111. Die längste Seite eines rechtwinkligen Dreiecks (= Hypotenuse) hat die Seitenlänge 6,8 cm. Das Verhältnis der beiden anderen Seiten a und b (= Katheten) ist 8 : 15. Berechne die Seitenlängen von a und b. Kreuze die zutreffenden Aussagen an.

	Aussage	zutreffend
A	Die Seiten a und b sind 6 dm und 3,2 dm lang.	☐
B	Die beiden Seitenlängen sind ganzzahlig.	☐
C	Die Länge der Seite a ist irrational.	☐
D	Die Seiten a und b sind 3,2 cm und 6 cm lang.	☐
E	Die Lösungen liegen in der Menge der rationalen Zahlen.	☐

112. Herr Schultz gewinnt in der Lotterie 50 000 €. Er investiert seinen Gewinn ein Jahr lang in einen Immobilienfond. Nach einem Jahr verkauft er einige der Wertpapiere aus dem Fond und kauft für den Erlös von 27 500 € ein neues Auto. Den restlichen Betrag lässt er im Immobilienfond. Ein weiteres Jahr später sind seine Wertpapiere 32 343,75 € wert. Berechne, um wie viel Prozent die Wertpapiere pro Jahr durchschnittlich gestiegen sind.

113. Ein rechteckiger Garten grenzt mit einer Seite an die Mauer eines Nachbargrundstückes. Frau Hofer weiß, dass ihr Gartenzaun 60 m lang und ihr Grundstück 337,5 m² groß ist, kann sich aber nicht erinnern, wie lang und wie breit ihr Garten ist. Berechne die Seitenlängen des Gartens. Beachte dabei, dass eine Seite nicht von einem Zaun, sondern von der Mauer begrenzt ist.

Der Garten ist entweder ________ m lang und ________ m breit

oder ________ m lang und ________ m breit.

5.4 Satzgruppe von VIETA

114. Zerlege in Linearfaktoren. Trage die Buchstaben zu den korrekten Lösungen in die Tabelle ein.

1) $x^2 + 8x + 16 = 0$ **I**
3) $x^2 + 5x + 4 = 0$ **E**
5) $x^2 - 7x + 12 = 0$ **A**
2) $x^2 - 5x + 4 = 0$ **S**
4) $x^2 + 7x + 12 = 0$ **N**
6) $x^2 + 2x - 3 = 0$ **T**

Lösungswort:

$(x-1)(x-4)$	$(x-3)(x-4)$	$(x+4)(x+4)$	$(x+3)(x-1)$	$(x+4)(x+1)$	$(x+3)(x+4)$

115. Von einer quadratischen Gleichung der Form $x^2 + px + q = 0$ kennt man einen der Koeffizienten p oder q und eine der Lösungen. Wende die Satzgruppe von Vieta an und berechne die fehlenden Werte. Markiere sie anschließend im beiliegenden Feld. Man erkennt dann den 19. Buchstaben des Alphabets. Stelle auch die Gleichungen auf.

	p	q	x_1	x_2	Gleichung
a)	-5		3		
b)		-4	-2		
c)		2		4	
d)		0	3		
e)	-3			-6	
f)	0		4		

1	0	-3	9
2	14	1,5	5
6	31	8	-9
-1	-54	-4	4
7	-2	-6	0
-8	10	3	2
-4,5	-16	0,5	1

5.5 Quadratische Gleichungen mit Formvariablen

116. Löse die Gleichung $(a + 0{,}25b)(a - 0{,}5b) = 0$

a) nach a (wobei $b \neq 0$)

b) nach b (wobei $a \neq 0$).

Vernetzung – Typ-2-Aufgaben

Typ 2 **M** **117.** Der „Goldene Schnitt" ist eine Proportion (Zahlen- oder Größenverhältnis), welches nicht nur in der Mathematik, sondern auch in vielen Bereichen des alltäglichen Lebens, wie Architektur, Natur oder Kunst, seit vielen Jahrhunderten eine große Rolle spielt. Ein Verhältnis entspricht dem goldenen Schnitt, wenn eine Strecke AB mit der Länge a so geteilt wird, dass zwei Teilstrecken entstehen, die die Längen a − x (größerer Abschnitt) und x (kleinerer Abschnitt) haben, wobei das Verhältnis a − x zu x gleich dem Verhältnis a zu a − x ist.

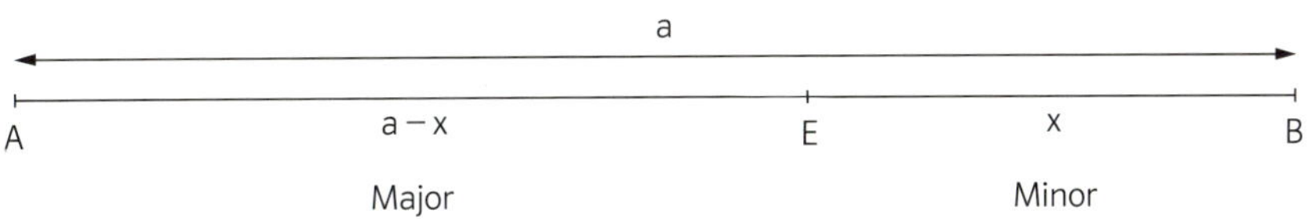

a) Stelle den Sachverhalt in einer Bruchgleichung dar.

b) Der kürzere Abschnitt x wird auch als Minor m bezeichnet, während man den längeren Abschnitt a − x als Maior M der Strecke AB bezeichnet. Die Längen der beiden Teilstrecken ergeben sich aus der quadratischen Gleichung $(a - x)^2 = a \cdot x$.

Löse die quadratische Gleichung in Abhängigkeit von a und bestimme den Minor m und den Maior M für eine Strecke von einem Meter.

m = ____________________ M = ____________________

c) Berechnet man nun das Verhältnis $\frac{M}{m}$, so erhält man Φ, die „Goldene Verhältniszahl" ($\Phi = 0{,}5(\sqrt{5} + 1)$). Sie wurde nach dem griechischen Bildhauer Phidias (5. Jhdt. v. Chr.) benannt und hat mehrere besondere Eigenschaften. Kreuze genau die Aussagen an, die auf diese Zahl zutreffen.

	Aussage	zutreffend
A	Es gilt: $\frac{a}{M} = \Phi$	☐
B	Die Verhältniszahl von Maior zu Minor einer Strecke ist eine nichtabrechende, nichtperiodische Dezimalzahl, also irrational.	☐
C	Die Zahl ist abhängig von der Länge der Strecke a.	☐
D	Es gilt: $\Phi^2 = \Phi + 1$	☐
E	Die „Goldene Verhältniszahl" ist unabhängig von a, der Länge der Strecke.	☐

d) Ausgehend von der Definition des „Goldenen Schnittes", lassen sich auch so genannte „Goldene Rechtecke" und „Goldene Dreiecke" definieren. Als „Goldene Rechtecke" bezeichnet man Rechtecke, deren Seitenlänge im Verhältnis des „Goldenen Schnittes" $\Phi = \frac{1}{2} \cdot (\sqrt{5} + 1)$ stehen.
Die Seitenlängen eines Rechtecks betragen 4,00 m und 6,00 m. Vergrößert man beide Längen um den Betrag b, erhält man ein Rechteck mit einem doppelt so großen Flächeninhalt, wie das ursprüngliche Rechteck.

Ermittle, um welchen Betrag die Seitenlängen vergrößert wurden. b = ____________________

Gib außerdem an, ob es sich bei den beiden Rechtecken um „Goldene Rechtecke" handelt, und begründe deine Aussage.

6 Funktionen allgemein

6.1 Darstellen von Zusammenhängen

FA-R 1.3 **M** **118.** Fertige eine Wertetabelle zum Graphen der Funktion f mit $f(s) = s^2 - 5s + 6$ an.

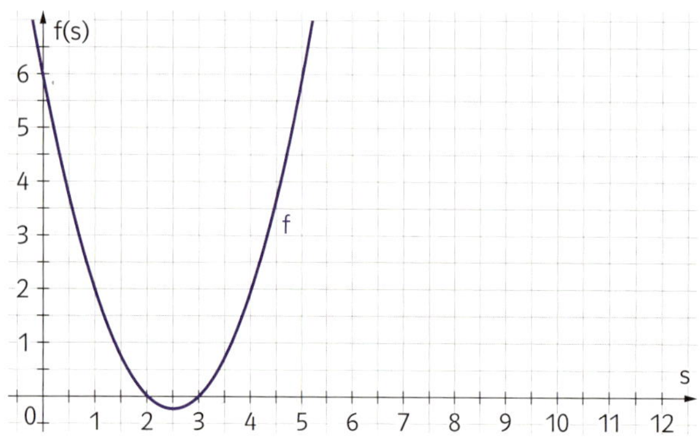

s	f(s)
0	6
0,5	
1	
1,5	
2	
2,5	
3	
3,5	
4	

119. Familie Hinsch macht eine Radtour. Interpretiere das Zeit-Ort-Diagramm, indem du die Bewegungen der Familie so genau wie möglich beschreibst.

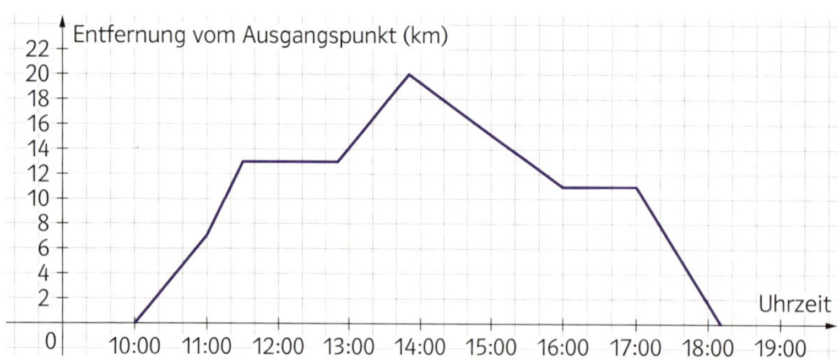

120. Im Blumengeschäft gibt es viele Blumenvasen. Skizziere eine passende Füllkurve zu der abgebildeten Vase.

a)

b)

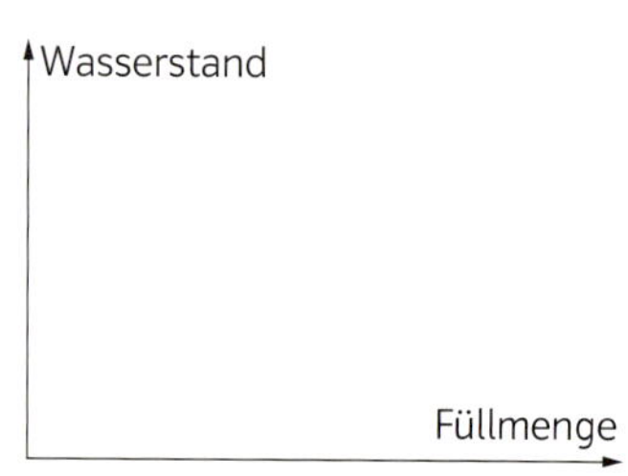

121. F steht für die Anzahl von Flöhen auf einem Hund, H steht für die Anzahl der Tage, an welchen der Hund ein spezielles Halsband gegen Flöhe, Milben und Haarlinge trug. Erläutere die angegebene Zuordnung.

F(H): ____________________

6.2 Die Funktion – eine eindeutige Zuordnung

FA-R 1.1 **M** **122.** Kreuze jene Zuordnungen an, bei denen es sich um Funktionen handelt.

<table>
<tr><td>A</td><td><table><tr><th>A</th><th>B</th></tr><tr><td>1</td><td>2</td></tr><tr><td>−1</td><td>2</td></tr><tr><td>0</td><td>2</td></tr></table></td><td>☐</td><td>D</td><td><table><tr><th>C</th><th>D</th></tr><tr><td>1</td><td>2</td></tr><tr><td>0</td><td>1</td></tr><tr><td>1</td><td>0</td></tr></table></td><td>☐</td></tr>
<tr><td>B</td><td>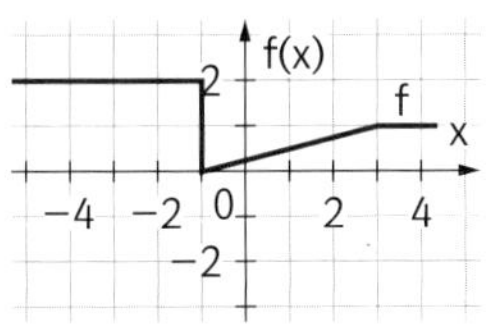</td><td>☐</td><td>E</td><td>$g(c)=\sqrt{c} \quad c \in \mathbb{R}$</td><td>☐</td></tr>
<tr><td>C</td><td>$h(x)=3$</td><td>☐</td><td></td><td></td><td></td></tr>
</table>

123. Entscheide, ob es sich bei den verbal beschriebenen Zuordnungen um Funktionen handelt. Wenn alle Antworten korrekt sind, ist das Verhältnis von ja zu nein 1:1.

a) Jeder Person wird ihr Geburtsort zugeordnet.	☐ ja	☐ nein
b) Jedem Buch wird seine Seitenanzahl zugeordnet.	☐ ja	☐ nein
c) Jedem Jugendlichen wird sein Handy zugeordnet.	☐ ja	☐ nein
d) Jeder Lehrperson wird das jeweilige Unterrichtsfach zugeordnet.	☐ ja	☐ nein
e) Jeder Person wird ihre Lieblingsfarbe zugeordnet.	☐ ja	☐ nein
f) Jeder natürlichen Zahl werden ihre Teiler zugeordnet.	☐ ja	☐ nein
g) Jeder natürlichen Zahl wird ihre Quadratwurzel zugeordnet	☐ ja	☐ nein
h) Jeder natürlichen Zahl wird ihre Ziffernsumme zugeordnet.	☐ ja	☐ nein

FA-R 1.1 **M** **124.** Kreuze die Abbildungen an, die Funktionsgraphen zeigen.

A ☐

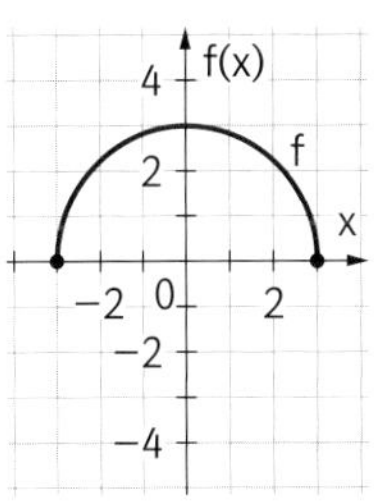

B ☐

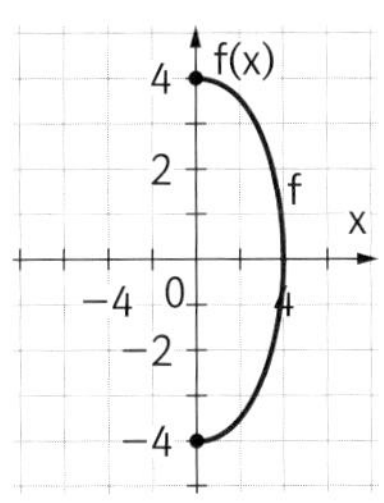

C ☐

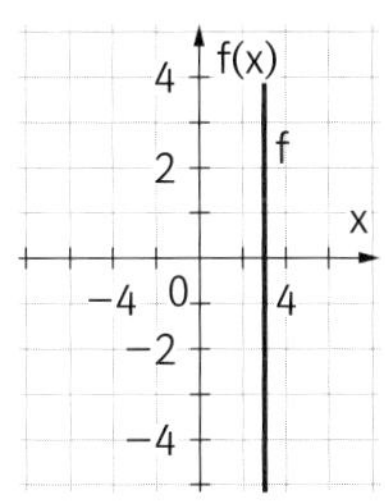

D ☐

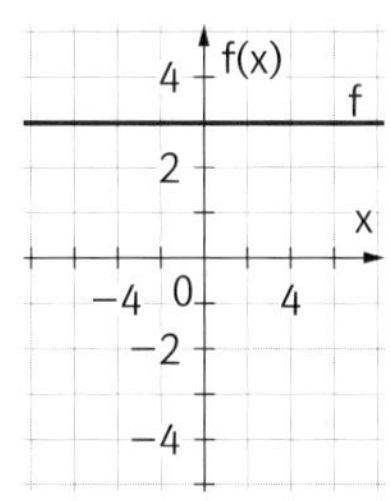

6.3 Funktionen-Sprache

125. Ein Ausstellungsraum ist von 9:00 bis 16:00 geöffnet. A(u) gibt die Anzahl der Besucher an, die sich zur Uhrzeit u gerade im Ausstellungsraum befinden.

Welche Bedeutung haben folgende Terme?

a) A(12:00) ______

b) A(10:30) > A(15:30) ______

c) A(11:23) = 0 ______

d) A(15:00) − A(13:00) = 3 ______

e) A(10:00) = 2 · A(9:00) ______

126. Bestimme die Definitions- und Wertemenge der Funktion.

a)

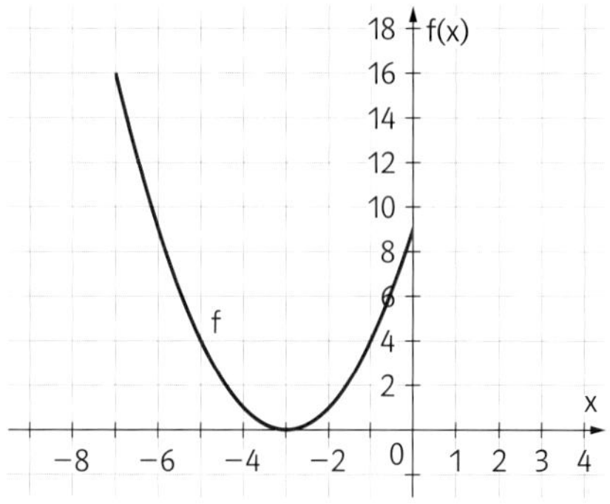

b)

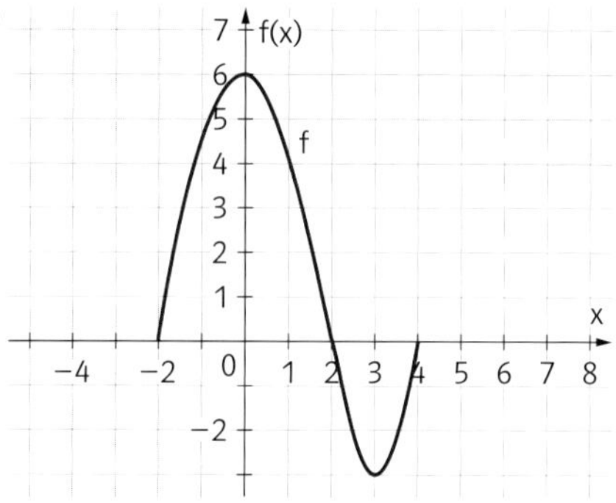

127. In einem Autohaus werden VW-Käfer verkauft. N(M) beschreibt die Funktion, die jedem Monat M eine bestimmte Verkaufsmenge N zuordnet.

Übersetze folgende Aussagen in die Funktionen-Sprache.

a) Im Mai wurden 345 VW-Käfer verkauft. ______

b) Im Mai wurden um 23 VW-Käfer mehr als im April verkauft. ______

c) Die Gesamtverkaufsmenge im ersten Quartal betrug 1736 VW-Käfer. ______

d) Jeden Monat werden 50 VW-Käfer weniger als im Vormonat verkauft. ______

e) Im Dezember werden mehr VW-Käfer verkauft als im Oktober und November zusammen.

______

128. Vervollständige die Tabelle.

	Angabe	Stelle (Argument)	Funktionswert	Funktionsbezeichnung
a)	g(−2) = 5			
b)	f(t) = 0			
c)	k(h) = 88			
d)	G(2,5) = y			

6.4 Nullstellen einer Funktion

FA-R 1.5 M **129.** Ordne die Nullstellen den verschiedenen Funktionen zu.

1	$f(x) = -6x$			A	8
2	$g(x) = -3{,}5$			B	keine Nullstelle
3	$h(x) = \frac{1}{8}x + 1$			C	0
4	$i(x) = x^2 - 4$			D	−2; 2
				E	6
				F	−8

130. Bestimme die Nullstellen folgender reeller Funktionen graphisch. Die Summe aller x-Werte der Nullstellen ergibt 3,5.

a) $f(x) = (x - 3) \cdot x$ **b)** $g(x) = 4x^2 + 4x + 1$ **c)** $h(x) = x^3 - 1$

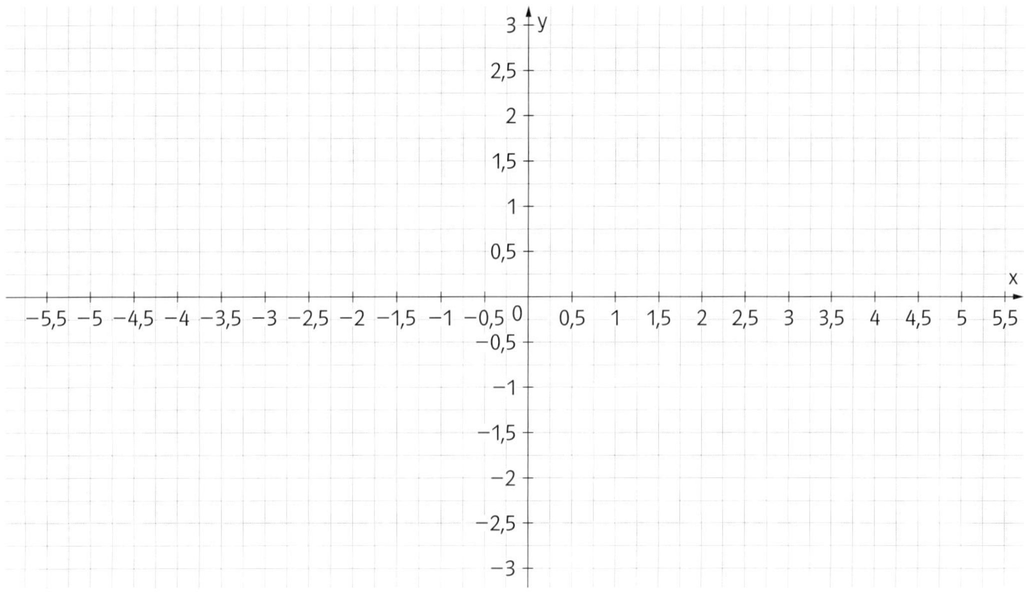

131. Interpretiere die Bedeutung der angegebenen Nullstelle im jeweiligen Kontext.

a) S(j) gibt die Anzahl der Schülerinnen und Schüler an, welche die 9. Schulstufe im Jahr j wiederholen mussten.

$S(2015) = 0$ ______________________

b) P(i) gibt die Anzahl der Pflanzen auf der „Roten Liste" in i Meter Entfernung von dem nächsten Industriebetrieb an.

$P(350) = 0$ ______________________

c) E(t) gibt die Menge (in Liter) eines Speiseeises t Minuten nach dem Kauf in einem Eisgeschäft an.

$E(25) = 0$ ______________________

6.5 Gleichungen graphisch lösen

FA-R 1.6 **M** **132.** Löse die Gleichung $2x - 3 = x - 1$ graphisch.

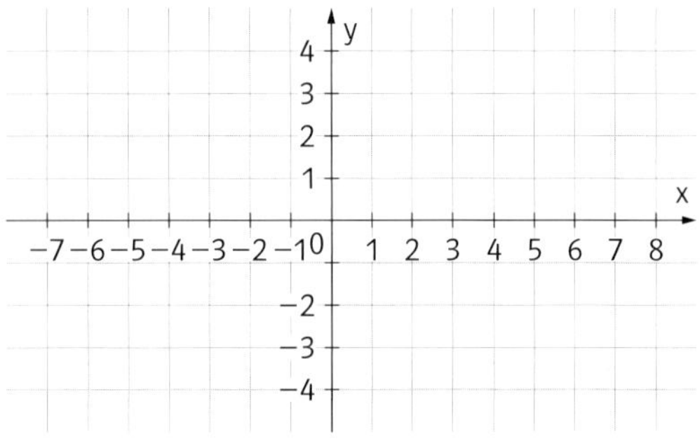

133. Nicolina möchte bis zu neun Kilogramm Erdbeeren kaufen. Sie kann zwischen folgenden Möglichkeiten wählen:

1) Nicolina kauft beim Händler um die Ecke (Preis: 3,90 €/kg).

2) Nicolina kauft bei einem Bauern auf dem Land (Preis: 2,00 €/kg, Fahrtkosten: 7 €).

a) Entscheide aufgrund von den Wertetabellen, ab wie viel Kilogramm es sich für das Mädchen lohnt, auf das Land zu fahren.

1)

Menge (kg)	Preis (€)

2)

Menge (kg)	Preis (€)

b) Entscheide aufgrund einer graphischen Darstellung, ab wie viel Kilogramm es sich für das Mädchen lohnt, auf das Land zu fahren.

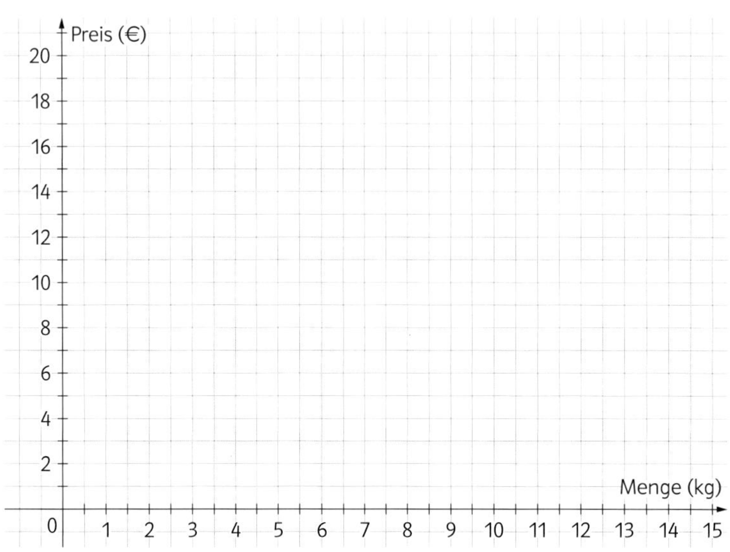

Vernetzung – Typ-2-Aufgaben

Typ 2 **M** **134.** In der Abbildung siehst du den Graphen des Handytarifes „Fipsi".

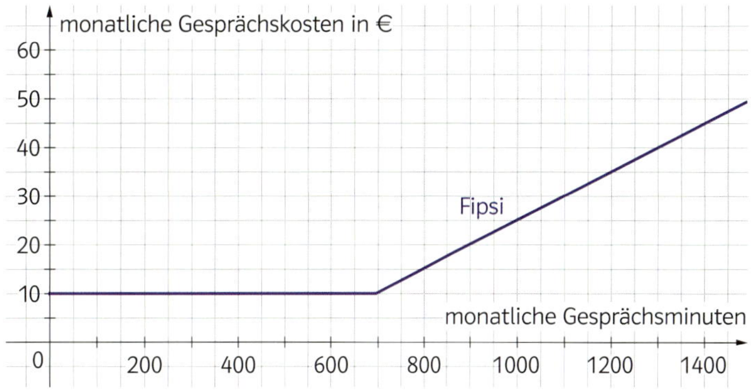

a) Lies aus dem Graphen die Anzahl der Freiminuten ab, die im Vertrag inkludiert sind.

b) Gib an, wie hoch die Gesprächskosten pro weiterer Minute sind, nachdem man die Freiminuten aufgebraucht hat.

c) Ein anderes Modell „Fopsi" bietet keine Freiminuten an, verrechnet aber pro Gesprächsminute nur 2 Cent. Zeichne den Graphen dieses Tarifmodelles in obiger Abbildung ein und ermittle graphisch, in welchem Intervall der Tarif „Fipsi" billiger als der Tarif „Fopsi" ist.

d) Beim Handytarif „Fopsi" werden pro Gesprächsminute 2 Cent verrechnet, Freiminuten hat man keine. Kreuze an, mit welcher Funktionsgleichung die Gesprächskosten H in Abhängigkeit von den Gesprächsminuten x berechnet werden können.

A ☐	B ☐	C ☐	D ☐	E ☐	F ☐
$H(x) = 2x$	$H(x) = 0{,}02 + x$	$H(x) = \frac{2}{x}$	$H(x) = 0{,}02x$	$H(x) = 2 + x$	$H(x) = 0{,}2x$

e) Das Tarifmodell „Fupi" bietet keine Freiminuten an und verrechnet pro Gesprächsminute 0,75 Cent. Interpretiere den Ausdruck $F(x) = \frac{0{,}75 \cdot x}{60}$ im Kontext.

Typ 2 **M** **135.** In der Abbildung ist der durchschnittliche monatliche Wasserverbrauch von drei Haushalten im Verlauf von zwölf Monaten abgebildet.

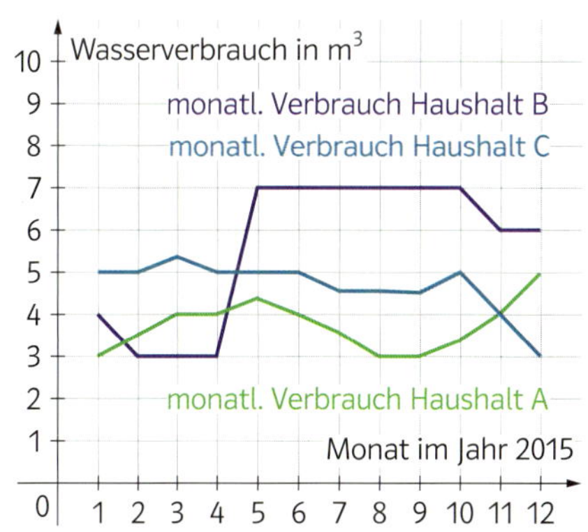

a) Gib an, wie hoch der Gesamtwasserverbrauch aller drei Haushalte zusammen im Juni war.

b) Ermittle, um wie viel Prozent der Wasserverbrauch von Haushalt C im April höher als von Haushalt A war.

c) Gib an, in welchem Monat Haushalt C und Haushalt A gleich viel Wasser verbraucht haben.

7 Lineare Funktionen

7.1 Die Funktionsgleichung der linearen Funktion

136. Kreuze an, bei welchen Funktionsgleichungen es sich um lineare Funktionen handelt.

A	$f(x) = -3$	☐	D	$k(x) = -x$	☐
B	$g(x) = \frac{2}{5}x$	☐	E	$n(x) = 3 - 4x$	☐
C	$h(x) = \frac{2}{x} - 1$	☐	F	$f(x) = -0{,}2x + 3{,}4$	☐

137. Gib die vollständigen Koordinaten der Punkte an.

a) $f(x) = -7x + 0{,}5$ $P_1 = (0{,}5 \mid \_\_\_)$ $P_2 = (\_\_\_ \mid 11)$ $P_3 = (\_\_\_ \mid 4)$

b) $f(x) = \frac{1}{5}x + 1$ $P_1 = (5 \mid \_\_\_)$ $P_2 = (10 \mid \_\_\_)$ $P_3 = (\_\_\_ \mid 0)$

c) $f\colon 3x - 2y = 6$ $P_1 = (\_\_\_ \mid 10{,}5)$ $P_2 = (\_\_\_ \mid -3)$ $P_3 = (0{,}5 \mid \_\_\_)$

7.2 Graphen und Wertetabellen linearer Funktionen

138. Entscheide, ob die Wertetabelle von einer linearen Funktion sein könnte und gib gegebenenfalls die Funktionsgleichung an.

a)

5	2
6	4
7	6
8	8

b)

67	50
69	40
70	35

c)

12	1
15	2
18	3
22	4

d)

0,2	0
2,2	-2
3,2	-3

139. Bestimme die Funktionsgleichungen der abgebildeten linearen Funktionen.

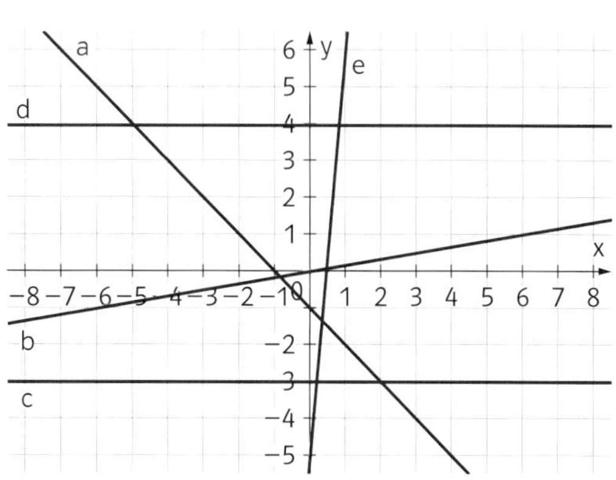

a(x) = __________

b(x) = __________

c(x) = __________

d(x) = __________

e(x) = __________

Erweitertes Steigungsdreieck

FA-R 2.2 **M** **140.** Ordne den Funktionen die passenden Steigungsdreiecke zu.

1	$f(x) = \frac{7}{5}x + 5$		A	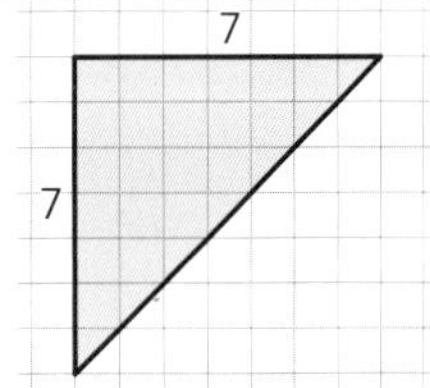	D	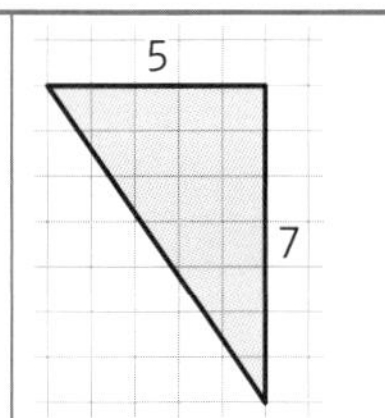
2	$f(x) = \frac{5}{7}x - 5$		B	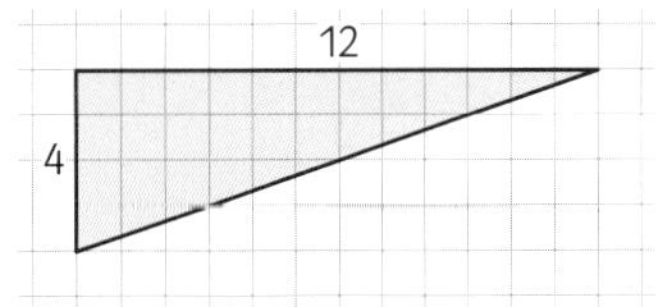	E	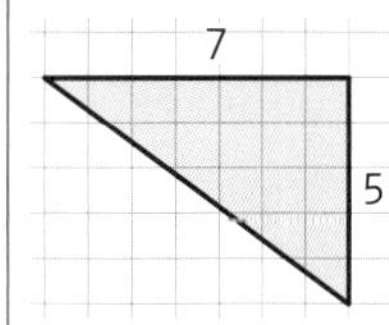
3	$f(x) = \frac{-5}{7}x$		C	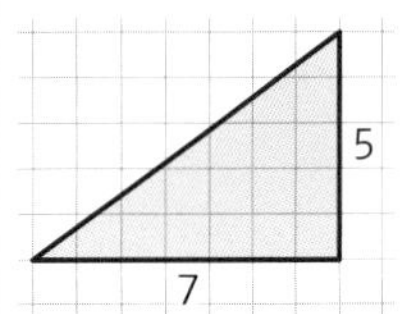	F	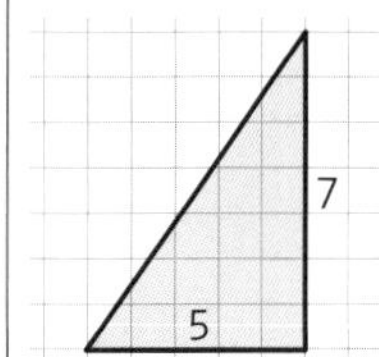

141. Skizziere den Graphen einer linearen Funktion f mit $f(x) = kx + d$, für den die nachfolgenden Bedingungen gelten.

a) $k < 0, d = 0$

b) $k = 0, d > 0$

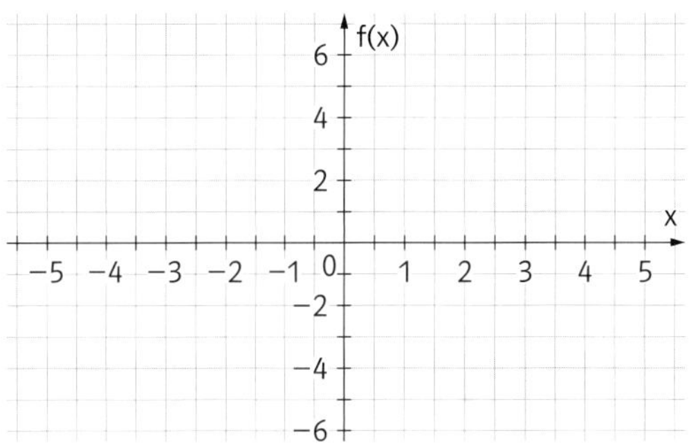

7.3 Aufstellen von linearen Funktionen

142. In der Tabelle sind die Kontostände von vier Jugendlichen aufgeführt. In der Spalte „monatliche Veränderung" sieht man, um wie viel Euro sich das Guthaben der jeweiligen Person ein Jahr lang pro Monat durchschnittlich verändert hat. Gib für jede Person einen passenden Funktionsterm an, mit der man das Gesamtguthaben G nach m Monaten berechnen kann.

Name	derzeitiges Guthaben (€)	monatliche Veränderung (€)	Funktionsgleichung
Rosa	55	– 15,50	
Ayse	280	0	
Hannes	0	+ 20	
Markus	1,30	+ 37,20	

143. Bestimme die Termdarstellungen der beiden Geraden, die zur x-Achse bzw. zur y-Achse parallel sind und durch den Punkt P gehen.

a) $P = (6 \mid -5)$ **b)** $P = (-4 \mid 1)$ **c)** $P = (2 \mid 0)$

7.4 Lineare Gleichungen und Gleichungssysteme graphisch lösen

Lineare Gleichungssysteme graphisch lösen

FA-R 1.6 **M** **144.** Löse folgendes Gleichungssystem graphisch: I: $2x - y = -1$; II: $x = y + 2$

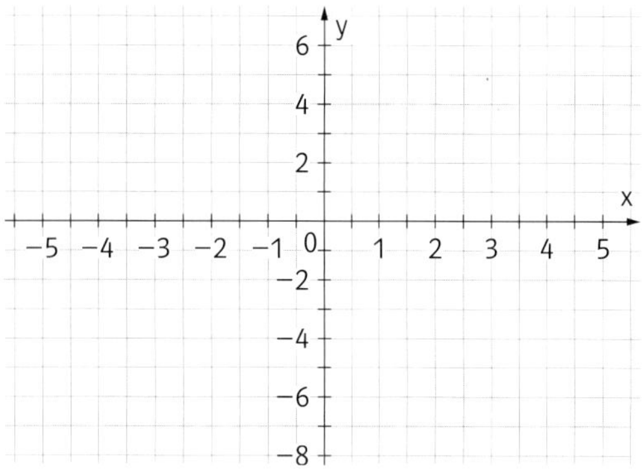

Lagebeziehungen von Geraden

145. **a)** Stelle die Lösungspaare der Gleichung g: $2x + y = 5$ graphisch dar. Zeichne eine zu g idente Gerade (h_1), eine zu g parallele Gerade (h_2) durch den Ursprung und eine Gerade, die g im Punkt $S = (0 \mid 5)$ schneidet (h_3).

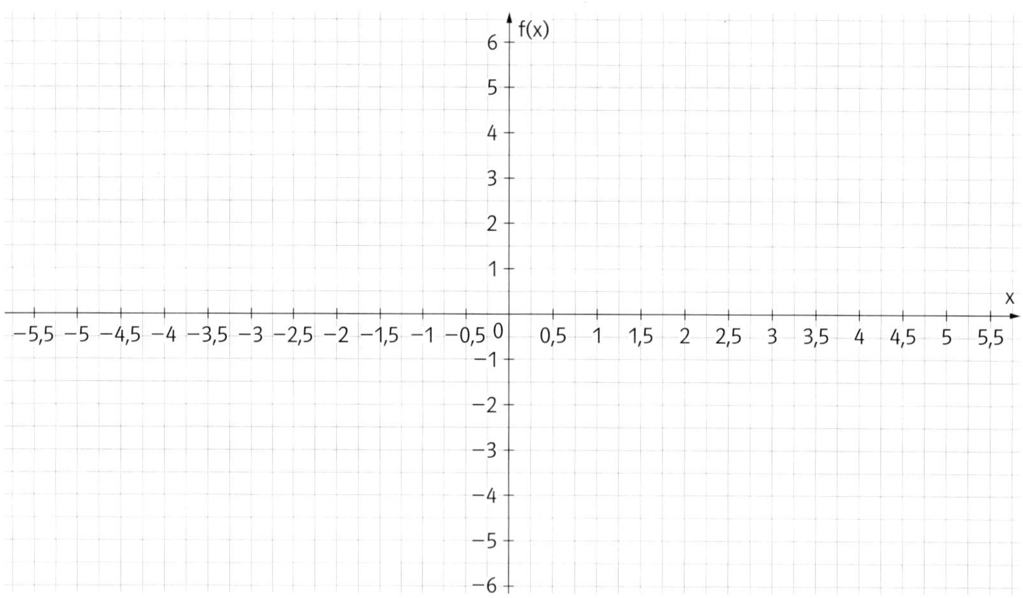

b) Ermittle die Funktionsgleichungen der erstellten Funktionen.

h_1: ______ h_2: ______ h_3: ______

c) Ergänze die mathematischen Aussagen.

(i) $g \cap$ ______ $= \{\ \}$ **(ii)** $g \cap$ ______ $= \{g\}$ **(iii)** $g \cap$ ______ $= \{S\}$

7.5 Interpretation in Anwendungsbeispielen

146. Der Temperaturverlauf in einer 40 cm dicken Hausmauer wird von außen nach innen gemessen. Das Ergebnis ist in nebenstehender Abbildung dargestellt.

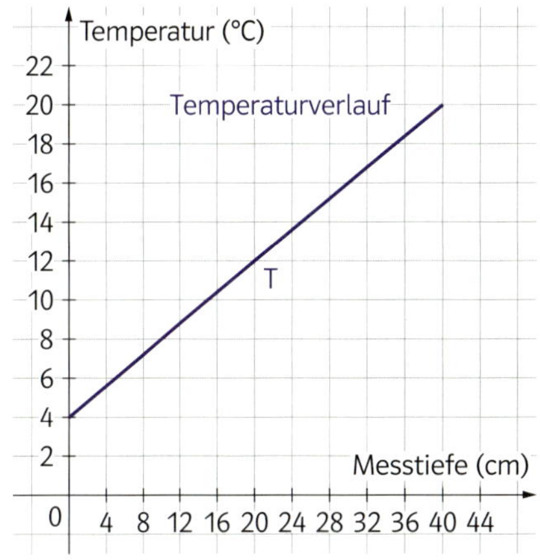

a) Bestimme die Außen- und Innentemperatur der Hauswand.

b) Bestimme die Steigung des Graphen und interpretiere dessen Bedeutung.

c) Bestimme die Funktionsgleichung des Temperaturverlaufes T.

d) Was würde sich am Graphen des Temperaturverlaufes ändern, wenn die Außentemperatur fällt und die Innentemperatur gleich bleibt? Der Temperaturverlauf wird weiterhin als linear angenommen.

147. In folgenden Diagrammen sind die Bewegungsabläufe von jeweils zwei Personen die an einem 10-km- oder 5-km-Lauf teilgenommen haben, in Zeit-Weg Diagrammen dargestellt. Interpretiere die Bewegungsabläufe hinsichtlich Geschwindigkeiten, Treffpunkten und Treffzeiten, Startzeiten und Startorten.

a)

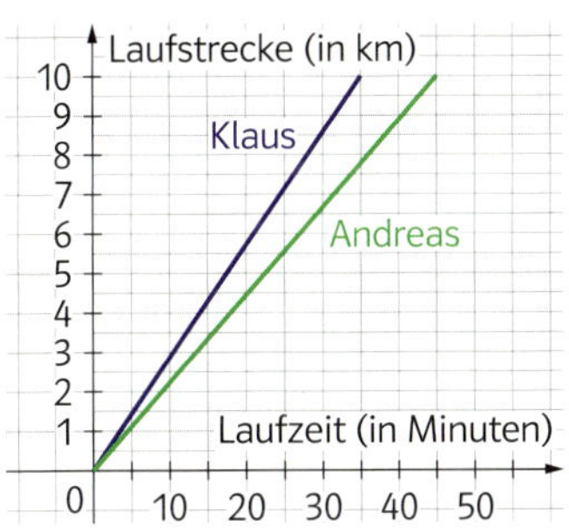

b)

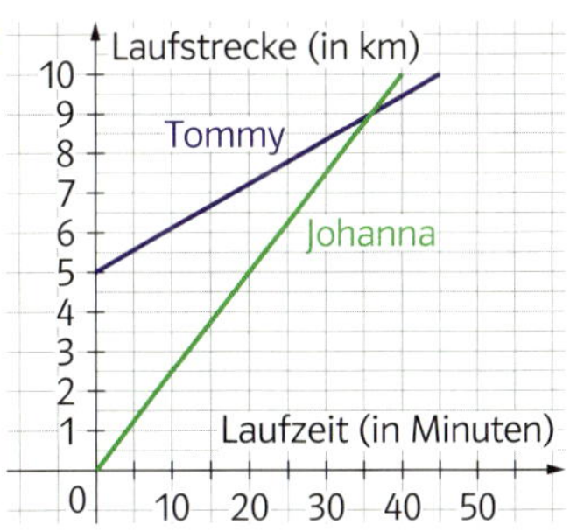

c)

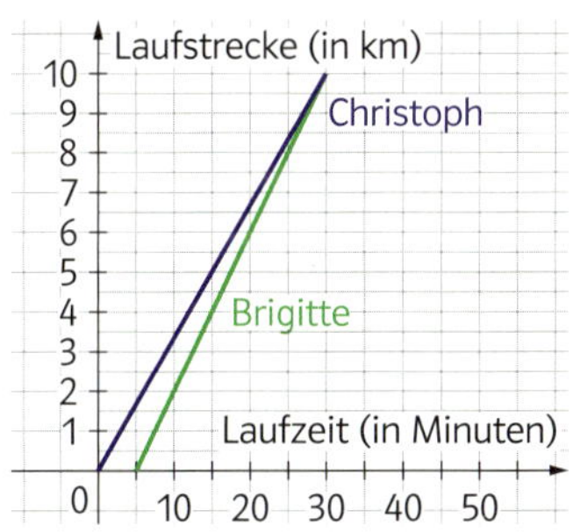

a)

b)

c)

7.6 Lineare Modelle und direkte Proportionalität

FA-R 2.4 **M** **148.** Von einer Funktion h ist bekannt, dass $h(2) = 10$ und $h(5) = 25$ gilt.
Kann h einen direkt proportionalen Zusammenhang beschreiben? Argumentiere deine Antwort.

149. Die Längeneinheit ein Zoll entspricht 2,54 cm.

a) Fertige eine Tabelle und einen Graphen an, mit der man die Längen 0 bis 10 Zoll in cm umrechnen kann.

Zoll	Zentimeter
0	0

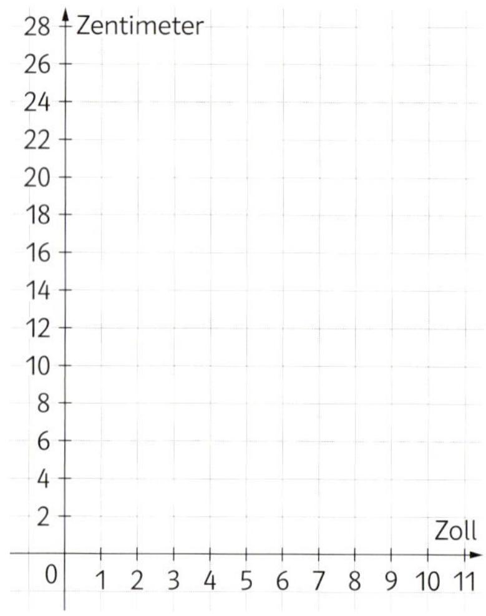

b) Argumentiere die Vor- und Nachteile der beiden Darstellungsformen.

150. Die Pferdestärke ist eine Einheit der Leistung (Einheitszeichen: PS), welche historisch gesehen die durchschnittlich nutzbare Dauerleistung eines Arbeitspferdes bezeichnet. Die Tabelle dient zur Umrechnung der alten Einheit PS in die Leistungseinheit Kilowatt (kW).

PS	54,4	68	81,6	95,2
kW	40	50	60	70

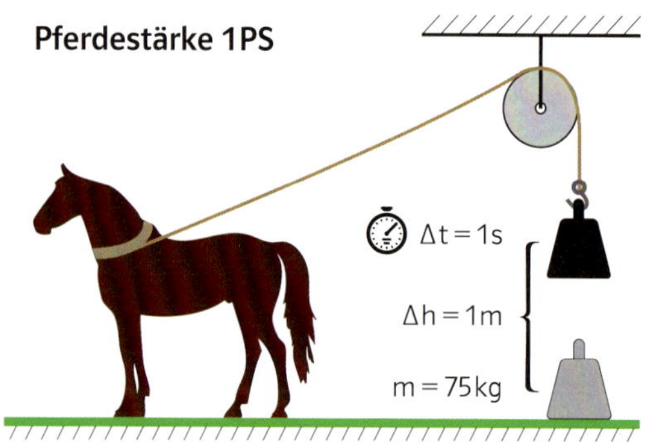

a) Stehen die beiden Einheiten in einem direkt proportionalen Zusammenhang? Begründe deine Antwort.

b) Gib eine Formel an, mit der man Kilowatt in PS umrechnen kann.

Vernetzung – Typ-2-Aufgaben

Typ 2 **M** **151.** Ein Lichtjahr ist eine astronomische Längeneinheit außerhalb des internationalen Einheitensystems. Das Längenmaß wird oft im Alltag benutzt, in der Wissenschaft wird allerdings vor allem in Parsec gerechnet.
In der Graphik ist das Zeit-Weg-Diagramm von Licht dargestellt. Eine Astronomische Einheit (AE) entspricht ungefähr der mittleren Entfernung der Erde zur Sonne (ca. $150 \cdot 10^6$ km).
63 241,077 AE entsprechen 0,30660111 pc (Parsec).

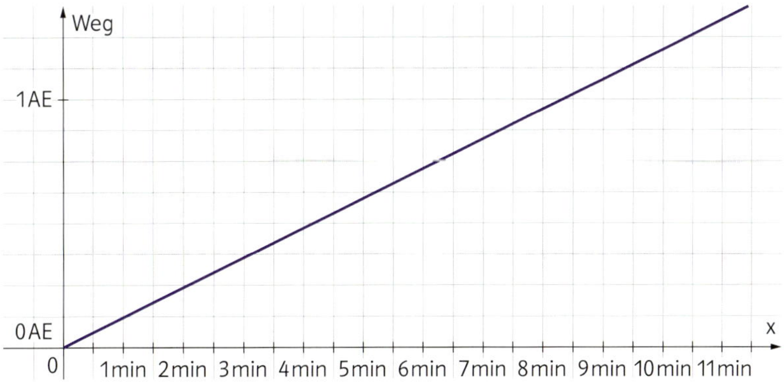

a) Vervollständige den folgenden Satz so, dass er mathematisch korrekt ist.

Der Graph der Funktion ist ______(1)______, weil ______(2)______ ist.

(1)		(2)	
konstant	☐	$k < 0$	☐
fallend	☐	$k > 0$	☐
steigend	☐	$k = 0$	☐

b) Lies aus dem Graphen ab, wie lange das Licht ungefähr von der Sonne bis zur Erde benötigt und berechne die Lichtgeschwindigkeit in km/s.

c) Zeichne ein Steigungsdreieck in die Graphik ein und bestimme die Funktionsgleichung der linearen Funktion f mit $f(x) = kx + d$.

d) Ein Lichtjahr (Lj) ist die Strecke, die das Licht in einem Jahr zurücklegt. Ermittle die Strecke in Kilometer, wenn eine Lichtsekunde 300 Millionen Meter entspricht und gib das Ergebnis in Gleitkommadarstellung an.

e) Die Funktion $l(p) = 2{,}063 \cdot 10^5 \cdot p$ beschreibt den Zusammenhang zwischen der Einheit Parsec und der Astronomischen Einheit. Zeige, dass Folgendes gilt: $l(p_1) + l(p_2) = l(p_1 + p_2)$ und interpretiere den Ausdruck.

8 Nicht lineare Funktionen

8.1 Quadratische Funktionen und Parabeln

FA-R 3.3 **M** **152.** Ordne den Funktionsgleichungen die entsprechenden Graphen zu.

1	$f(x) = x^2 + 2$	
2	$f(x) = -x^2 - 3$	
3	$f(x) = (x + 3)^2$	
4	$f(x) = (x - 2)^2 + 1$	
5	$f(x) = 0{,}5\,(x - 3)(x + 1)$	
6	$f(x) = -x^2$	

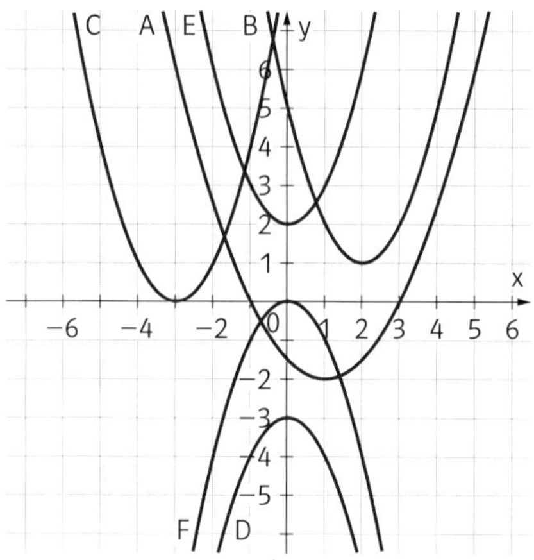

8.2 Variation der Parameter von $f(x) = a\,(x - m)^2 + n$

FA-R 1.5 **M** **153.** Skizziere die Graphen der quadratischen Funktionen in folgendes Koordinatensystem.

1) $f_1(x) = (x + 3)^2 - 1$
2) $f_2(x) = x^2 - 4x + 4$
3) $f_3(x) = -x^2 - 4$
4) $f_4(x) = 0{,}25\,(x - 4)(x + 4)$

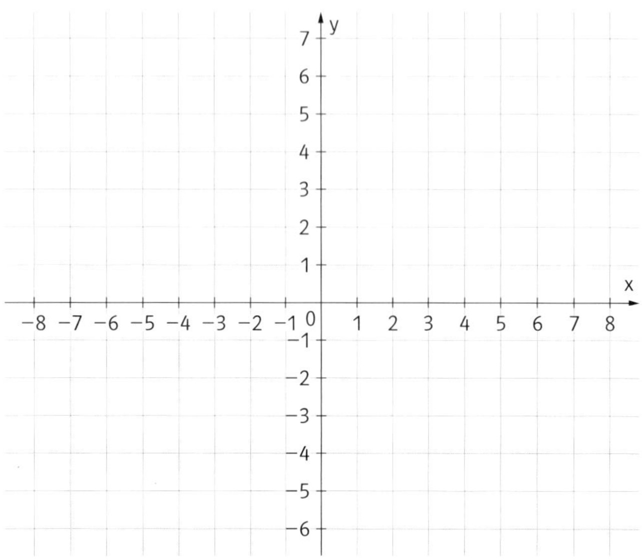

154. Bestimme jeweils die angegebenen Eigenschaften der Funktion und ihres Graphen.
Öffnung: nach oben geöffnet (o) nach unten geöffnet (u)
Lage des Scheitelpunktes: im 1. Quadranten im 2. Quadranten positive x-Achse u.s.w.

Funktionsgleichung	Öffnung	Symmetrie zur y-Achse	Wertemenge	Lage des Scheitelpunktes
$f(x) = -x^2 - 2$	u	ja	$(-\infty; 2]$	y-Achse
$f(x) = 2(x-3)^2$				
$f(x) = -(x+1)^2 - 3$				
$f(x) = -2x^2 + 4$				
$f(x) = 3x^2$				
$f(x) = 0{,}5(x+2)^2$				
$f(x) = x^2 - 4x + 4$				

FA-R 1.5 **M** **155.** Welche der folgenden Aussagen treffen für eine quadratische Funktion f mit $f(x) = (x-s)^2 + t$, $s < 0$ und $t > 0$ zu?

A	f besitzt keine Nullstelle.	☐
B	Der Graph von f hat einen Tiefpunkt.	☐
C	Der Graph von f schneidet die y-Achse in $S = (0 \mid t)$.	☐
D	Der Graph von f hat eine Symmetrieachse bei $x = s$.	☐
E	Der Graph von f hat den Scheitelpunkt in $(t \mid s)$.	☐

FA-R 1.5 **M** **156.** Gegeben ist der Funktionsterm f(x). Kreuze die zutreffende(n) Aussage(n) an.

A	$f(x) = x^2 + 2x - 1$: Der Graph hat einen Hochpunkt.	☐
B	$f(x) = -2(x+1)^2$: Die Funktion hat genau eine Nullstelle.	☐
C	$f(x) = 2x^2 - x + 1$: Der Graph geht durch den Punkt $P = (1 \mid 2)$.	☐
D	$f(x) = -(x-4)^2$: Die Funktion hat die Wertemenge $W = (-\infty, -4)$.	☐
E	$f(x) = (x+2)^2 + 3$: Die Funktion hat keine Nullstelle.	☐

8.3 Nullstellen einer quadratischen Funktion

157. Gib – wenn möglich – die Funktionsgleichung einer quadratischen Funktion mit der gegebenen Eigenschaft an.

a) Hat genau eine Nullstelle bei $x = 4$. ____________________

b) Nullstellen bei $x = 2$ und $x = -4$ ____________________

c) Scheitel bei $S = (0 \mid 0)$ und Graph verläuft durch den Punkt $P = (1 \mid 2)$ ____________

d) Graph verläuft durch die Punkte $P = (3 \mid 4)$ und $Q = (5 \mid 4)$ und hat den Scheitel im Ursprung.

____

158. Trage die Anzahl der Nullstellen ein. Es sind keine Berechnungen notwendig. Die Summe aller Nullstellen ergibt die Anzahl der Zwerge von Schneewittchen.

	Funktionsgleichung	Anzahl der Nullstellen
a)	$f(x) = x^2 + 5$	
b)	$f(x) = 5x^2 - 10$	
c)	$f(x) = 0{,}21(x - 1{,}2)(x + 3{,}4)$	
d)	$f(x) = (x - 0{,}8)^2$	
e)	$f(x) = -(x + 3{,}2)^2 + 3$	

159. Gib an, für welche Parameter c der Graph der angegebenen Funktion genau eine Nullstelle hat. Trage die Buchstaben an die richtigen Stellen ein und du erhältst ein englisches Lösungswort.

a) $g(x) = x^2 + c$ **H**

b) $f(x) = x^2 + cx + 9$ **A**

c) $h(x) = -2x^2 + 10x + c$ **T**

d) $h(x) = (x - c)^2$ **E**

e) $f(x) = x^2 - 4x + c$ **R**

f) $g(x) = (x - 4)^2 - c$ **H**

$c = 0$	$c \in \mathbb{R}$	$c = \pm 6$	$c = 4$	$c = -12{,}5$	$c = 0$

160. Bestimme für die quadratischen Funktionen.

Funktionsgleichung	Scheitelpunkt	Wertemenge	Nullstellen
$f(x) = 2x^2$			
$f(x) = (x + 4)^2$			
$f(x) = (x - 2)(x + 2)$			
$f(x) = (x - 1)^2 + 3$			
$f(x) = x^2 + 5$			
$f(x) = x^2 + 6x + 9$			
$f(x) = -4x^2$			

8.4 Anwendungen quadratischer Funktionen

161. Die Flugkurve eines Schlagballs hat die Funktionsgleichung $h(x) = -0{,}03x^2 + 0{,}9x + 1{,}25$, wobei $h(x)$ die Höhe des Balles (in m) und x die horizontale Entfernung (in m) vom Abwurfort ist.

a) Wie weit fliegt der Ball? ____________ m

b) Wie groß ist die maximale Höhe des Balles? ____________ m

c) Interpretiere den Wert von $h(0)$.

162. Ein Stein wird waagrecht von einem Turm weggeworfen. Seine Flugbahn hat die Funktionsgleichung $T(x) = -0{,}5x^2$, wobei $T(x)$ die Falltiefe des Steines (in m) x Meter vom Abwurfort entfernt ist. Der Stein kommt in 10 Meter Entfernung vom Turm auf.

a) Skizziere die Flugbahn des Steines.

b) Wie hoch ist der Turm? ______________ m

c) Durch welche Änderungen beim Abwurf, könnte man eine Flugbahn mit der Funktionsgleichung $T(x) = -0{,}1x^2$ bewirken?

8.5 Gebrochen rationale Funktionen

Funktionen vom Typ $f(x) = \frac{c}{x}$

163. Bestimme die Funktionsgleichung ($f(x) = \frac{c}{x}$; $c \in \mathbb{R}$) und die maximale Definitionsmenge zu folgendem Funktionsgraphen.

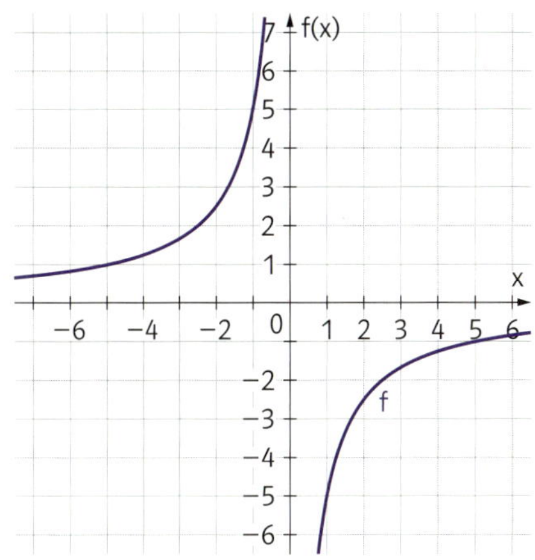

FA-R 3.1 **M** **164.** Skizziere die Graphen der folgenden Funktionen in das Koordinatensystem

a) $f(x) = \frac{2{,}5}{x}$

b) $g(x) = -\frac{3}{x}$

c) $h(x) = 6{,}5 \cdot \frac{1}{x}$

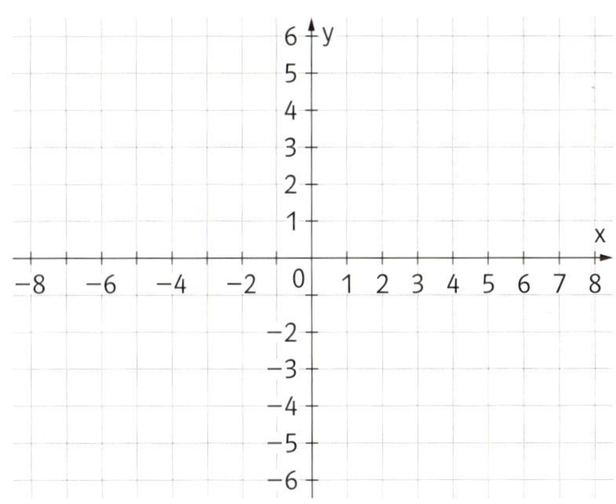

Funktionen vom Typ $f(x) = \frac{c}{x^2}$

FA-R 3.1 **M** **165.** Ordne die Funktionsgleichungen dem jeweiligem Funktionsgraphen zu.

1
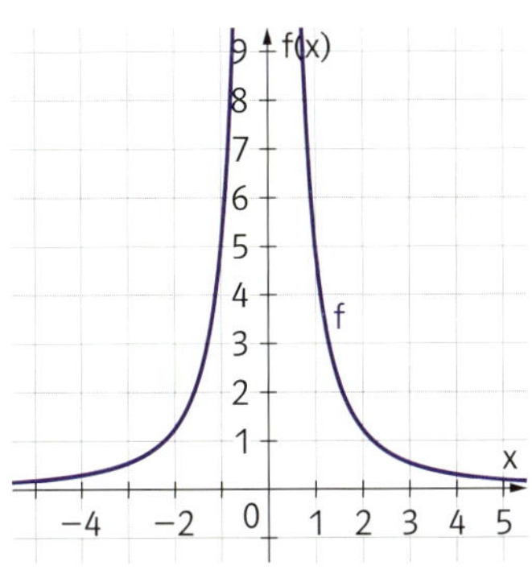

2
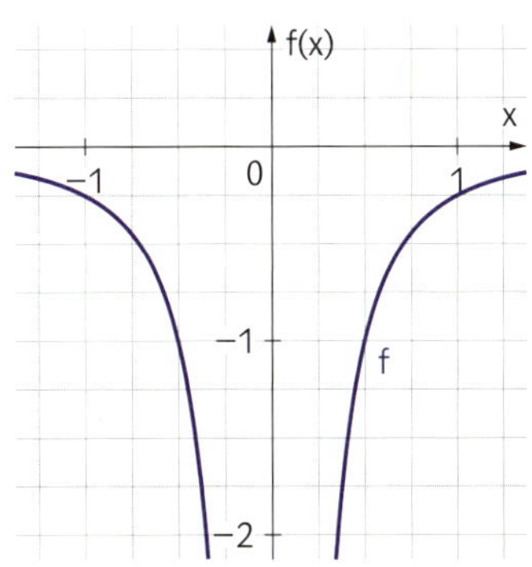

3
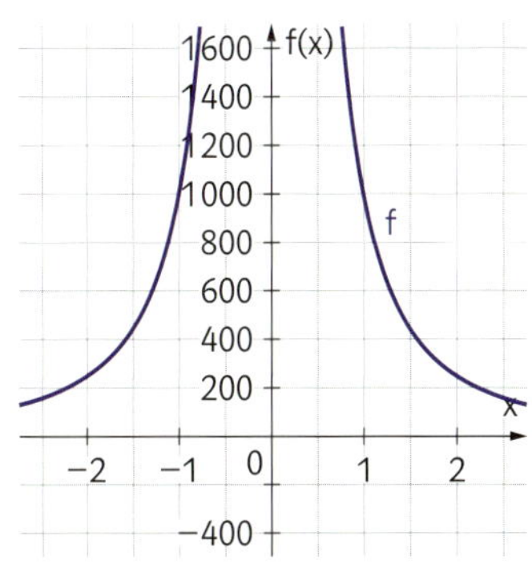

- ■ A $f(x) = \frac{100}{x^2}$
- ■ B $f(x) = -\frac{5}{x^2}$
- ■ C $f(x) = -\frac{1}{4x^2}$
- ■ D $f(x) = \frac{5}{x^2}$
- ■ E $f(x) = \frac{1000}{x^2}$

8.6 Indirekte Proportionalität

166. In der folgenden Wertetabelle ist der Zusammenhang zwischen den zwei Größen A und B dargestellt. Entscheide, ob eine indirekt proportionale oder direkt proportionale Abhängigkeit zwischen den Größen bestehen kann.

a)

A	B
20	10
30	15
40	20

b)

A	B
1	24
2	12
8	3

167. Entscheide, ob ein indirekt proportionaler Zusammenhang zwischen den beschriebenen Größen besteht.

a) Anzahl der Arbeiter auf einer Baustelle – Zeitdauer der Fertigstellung ☐ nein ☐ ja

b) Wassermenge in einem Becken, das durch einen konstanten Abfluss entleert wird – Dauer der Entleerung ☐ nein ☐ ja

c) Anzahl der Schritte für eine bestimmte Strecke – Schrittlänge ☐ nein ☐ ja

FA-R 3.4 **M** **168.** Für drei Größen a, b und c besteht folgender Zusammenhang: $a = \frac{b}{c}$.
Kreuze die zutreffende(n) Aussage(n) an.

A	Ist b konstant, dann bewirkt eine Vergrößerung von c eine Verkleinerung von a.	☐
B	Bei konstantem b sind a und c zueinander indirekt proportional.	☐
C	Bei konstantem a sind b und c zueinander direkt proportional.	☐
D	Bei konstantem a bewirkt eine Verdopplung von b eine Halbierung von c.	☐
E	Das Produkt von a und c ist bei konstantem b immer gleich.	☐

8.7 Abschnittsweise definierte Funktionen

169. Zeichne den Graphen folgender abschnittsweise definierter Funktion.

$$f(x) = \begin{cases} 0{,}5x & \ldots \ldots x \in (-\infty; -4) \\ -2 & \ldots \ldots x \in [-4; 4] \\ 0{,}5x - 4 & \ldots \ldots x \in (4; \infty) \end{cases}$$

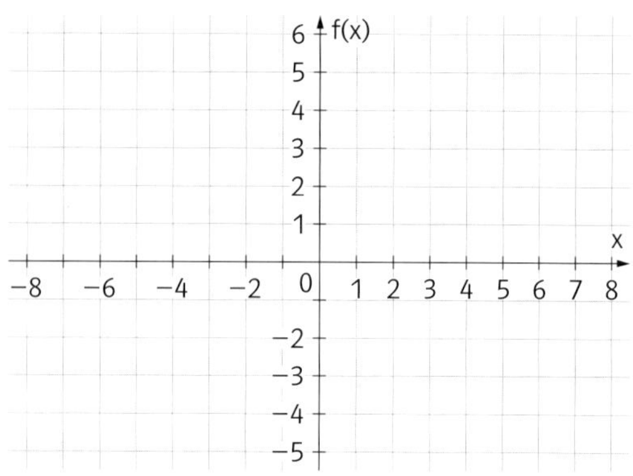

170. Bestimme den Funktionsterm der abschnittsweise definierten Funktion f.

$f(x) = \begin{cases} \\ \\ \end{cases}$

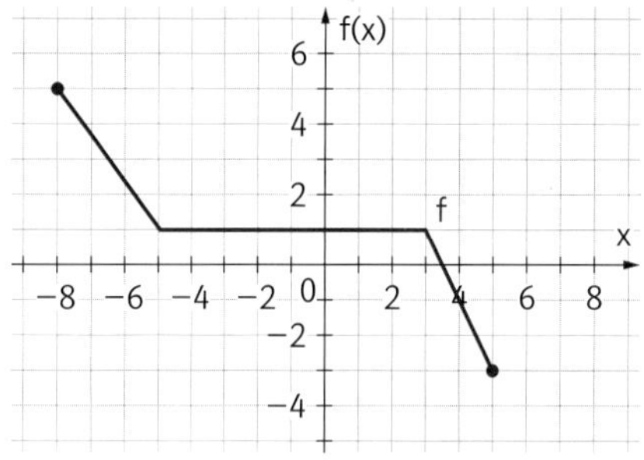

Vernetzung – Typ-2-Aufgaben

Typ 2 **M** **171.** Für eine bestimmte Automarke kann der Zusammenhang zwischen dem Benzinverbrauch f (in Liter/100 km) und der Geschwindigkeit x (in km/h) durch die quadratische Funktion f mit $f(x) = 0{,}0005\,x^2 - \frac{9}{100}x + 10$ dargestellt werden.

Ein Autofahrer, der diesen Autotyp fährt, gibt an, dass sein Verbrauch 6 l/100 km beträgt. Gib an, bei welchen Geschwindigkeiten dies zutrifft und erläutere anhand einer Skizze, warum zwei Lösungen korrekt sind.

Typ 2 **M** **172.** In der Betriebswirtschaft werden die Gesamtkosten einer Verrechnungsperiode auch als quadratische Funktion K in Abhängigkeit von der Produktionsmenge x dargestellt. Die Kostenfunktion lautet dann $K(x) = a\,x^2 + b\,x + c$.

a) Kreuze die zutreffende(n) Aussage(n) an.

A	Ist $a < 0$, so ist der Graph der Funktion eine nach oben offene Parabel.	☐
B	Der Graph der Funktion K (x) ist eine Parabel, die symmetrisch zur x-Achse ist.	☐
C	Ist $a > 0$ und $K\left(-\frac{b}{2a}\right) > 0$, dann hat die Funktion K (x) zwei Nullstellen.	☐
D	Der Graph der Funktion K (x) ist eine Parabel, die den Scheitel $S = \left(-\frac{b}{2a} \middle| c - \frac{b^2}{4a}\right)$ besitzt.	☐
E	Ist $a < 0$ und $K\left(-\frac{b}{2a}\right) < 0$, dann hat die Funktion K (x) keine Nullstelle.	☐

b) In einem Betrieb für Milchprodukte betragen die Fixkosten 50 000 €. Im Februar 2015 wurden 10 000 Hektoliter Milch verarbeitet, die Gesamtkosten betrugen 150 000 €. Im März 2015 wurde die Produktion verdoppelt, welches zu doppelt so hohen Gesamtkosten führte. Stelle die dazugehörige Kostenfunktion auf.

K (x) = ______________________

c) Die Kostenfunktion eines Nachbarbetriebes lautet $K(x) = 0{,}0015\,x^2 - 8{,}9\,x + 2\,000$. Ermittle rechnerisch die Nullstellen dieser Funktion.

d) Der Umsatz eines Betriebes lässt sich mit der Funktion U mit $U(x) = 60\,x - \frac{3}{50}x^2$ berechnen. Gib den maximalen Umsatz an. Berechne mit der Formel $U = p \cdot x$ den dazugehörigen Verkaufspreis der Ware.

e) Der Graph der Kostenfunktion $K(x) = a\,x^2 + b\,x + c$ besitzt zwei Nullstellen. Berechne diese, sowie den Scheitel des Funktionsgraphen. Zeige, dass die x-Koordinate des Scheitels gleich dem arithmetischen Mittel der beiden Nullstellen ist.

9 Trigonometrie im rechtwinkligen Dreieck

9.1 Winkelfunktionen

Sinus, Cosinus, Tangens für spitze Winkel

173. Berechne die Werte für x.

a) $\sin(33°) = \frac{x}{12}$ b) $\cos(57°) = \frac{x}{3,2}$ c) $\tan(81°) = \frac{66}{x}$ d) $\sin(77°) = \frac{100}{x}$

174. Ermittle im rechtwinkligen Dreieck ($\gamma = 90°$) mit den Katheten a und b und der Hypotenuse c die Maße der Winkel.

a) a = 25 mm, b = 60 mm $\alpha =$ ______ $\beta =$ ______

b) a = 3,6 cm, c = 8,5 cm $\alpha =$ ______ $\beta =$ ______

c) b = 10,8 cm, c = 13,5 cm $\alpha =$ ______ $\beta =$ ______

175. Bestimme im rechtwinkligen Dreieck ABC

(1) den Sinuswert (2) den Cosinuswert (3) den Tangenswert

des Winkels, der der längeren Kathete gegenüberliegt.

a) a = 51 mm, b = 68 mm, c = 85 mm b) a = 5,4 cm, b = 7,2 cm, c = 9 cm

9.2 Auflösen von rechtwinkligen Dreiecken mittels Winkelfunktionen

AG-R 4.1 M **176.** Gegeben ist das rechtwinklige Dreieck ABC. Drücke die angegebenen Größen durch die Seite a und eine Winkelfunktion abhängig von α aus.

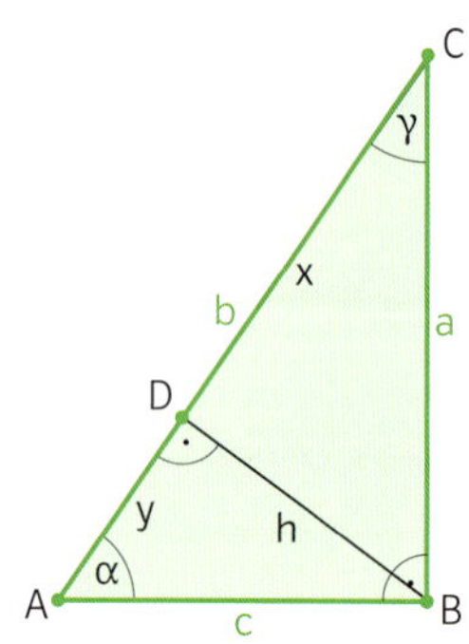

c = ______

y = ______

AG-R 4.1 M **177.** Betrachte das rechtwinklige Dreieck aus Aufgabe 176.
Kreuze die richtigen Aussagen an.

A	☐	b ist die Hypotenuse des Dreiecks ABC.	D	☐	$\cos(\alpha) = \frac{b}{a}$
B	☐	Im Dreieck ABC ist a die Gegenkathete vom γ.	E	☐	$\sin(\gamma) = \frac{h}{a}$
C	☐	Der Quotient von h und y entspricht dem Tangenswert von α.			

AG-R 4.1 **M** **178.** Gegeben ist das rechtwinklige Dreieck mit $\gamma = 90°$. Kreuze die zutreffende(n) Aussage(n) an.

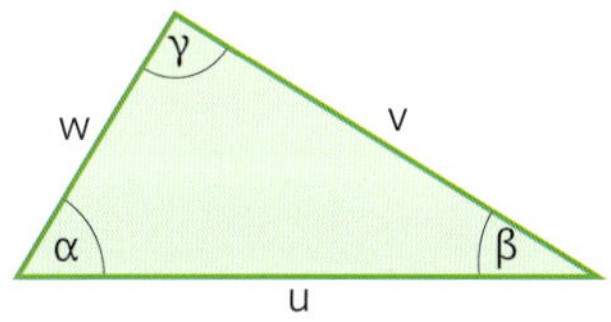

A	v ist die Hypotenuse.	☐
B	w ist die Gegenkathete zum Winkel β.	☐
C	v ist die Ankathete zum Winkel α.	☐
D	$u^2 - v^2 = w^2$	☐
E	v ist die Gegenkathete zum Winkel β.	☐

179. Berechne die fehlenden Größen des rechtwinkligen Dreiecks und finde das Lösungswort, dessen Buchstaben sich spaltenweise der Reihe nach ergeben.

Lösungswort: ______________

	a)	b)	c)	d)
Winkel	35°	50°	65°	73°
Ankathete			33	
Gegenkathete		15,6		
Hypotenuse	65			42,5

72,34 = **G**	87,22 = **A**	37,28 = **I**	33,44 = **B**	76,22 = **C**	70,77 = **H**
78,08 = **O**	56,04 = **D**	40,64 = **E**	53,24 = **W**	13,09 = **N**	20,36 = **D**
12,43 = **S**	43,21 = **E**	88,90 = **M**	12,23 = **N**	91,08 = **P**	73,27 = **K**

AG-R 4.1 **M** **180.** Vervollständige den folgenden Satz, sodass er mathematisch korrekt ist.

In einem rechtwinkligen Dreieck ergibt das Verhältnis von ______(1)______ den ______(2)______ des betrachteten spitzen Winkels.

(1)		(2)	
Gegenkathete zu Ankathete	☐	Sinuswert	☐
Hypotenuse zu Ankathete	☐	Cosinuswert	☐
Hypotenuse zu Gegenkathete	☐	Tangenswert	☐

AG-R 4.1 **M** **181.** Kreuze die beiden Gleichungen an, die zum abgebildeten rechtwinkligen Dreieck passen.

A	$b = \cos(\gamma) \cdot a$	☐
B	$b \cdot \sin(\gamma) = c$	☐
C	$\tan(\gamma) = \frac{a}{c}$	☐
D	$a = c \cdot \tan(\alpha)$	☐
E	$a \cdot \sin(\alpha) = b$	☐

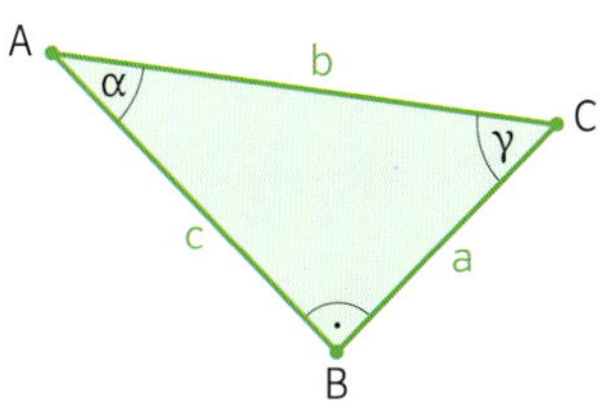

9.3 Anwendungen

Aufgaben aus der Geometrie

182. Von einem Deltoid ABCD kennt man: $\alpha = 64°$, $\overline{AD} = 6{,}4\,cm$, $\overline{AC} = 12{,}2\,cm$.

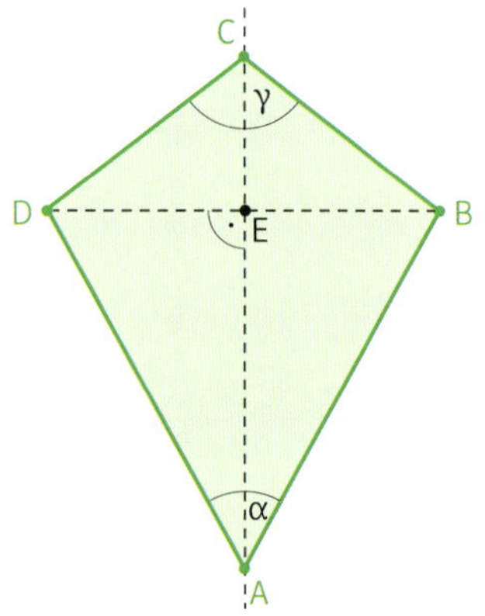

a) Ermittle die Längen der Strecken $\overline{DC}$ und $\overline{BD}$.

$\overline{BD}$ = ____________ $\overline{DC}$ = ____________

b) Ermittle den Winkel γ.

γ = ____________

AG-R 4.1 **M** **183.** Ein gleichschenkliges Dreieck hat den Winkel $\alpha = 36°$ und die Höhe $h = 6\,cm$. Berechne die Länge der Seite a.

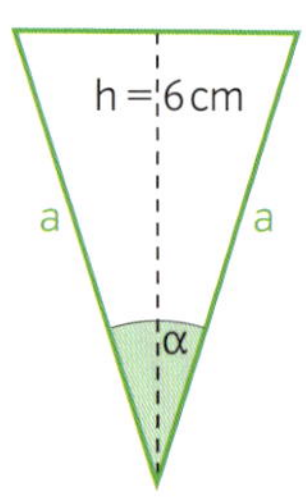

a = ____________

Vermessungsaufgaben

184. Über ein Tal führt eine lange Brücke. Man misst die Neigungswinkel $\alpha = 30°$ und $\beta = 45°$. Die größte Tiefe d des Tals ist 106,59 m. Berechne die Länge der Brücke.

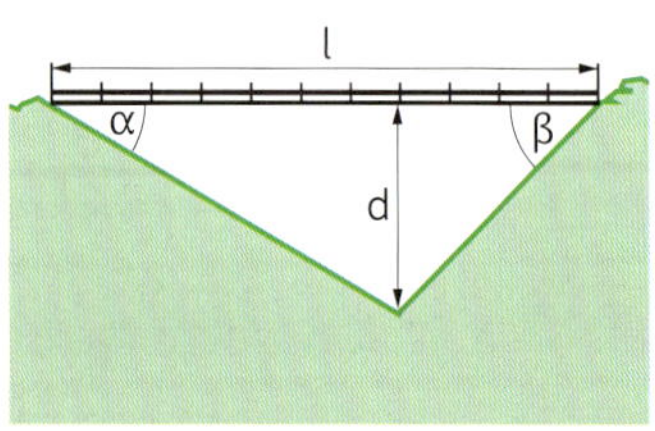

l = ____________

185. a) Eine Straße hat eine Steigung von p %. Zum Beispiel eine Steigung von 16 % bedeutet einen Höhenanstieg von 16 m auf einer horizontalen Entfernung von 100 m. Stelle eine Formel auf, die den Zusammenhang zwischen p und dem Steigungswinkel α angibt.

b) Welchen Steigungswinkel hat eine Straße mit der gegebenen Steigung?

(1) 10 % ____________ **(2)** 4 % ____________

AG-R 4.1 **M** **186.** Die Sonnenstrahlen treffen unter einem Winkel von φ° auf die Erdoberfläche auf. Ein senkrecht stehender Laternenmast mit der Höhe h wirft dann einen s langen Schatten (Angaben in Metern). Kreuze die Formel an, mit der die Länge des Schattens ermittelt werden kann.

A	$s = \frac{\tan(\varphi)}{h}$	☐
B	$s = \frac{h}{\sin(\varphi)}$	☐
C	$s = \frac{h}{\tan(\varphi)}$	☐
D	$s = \frac{\cos(\varphi)}{h}$	☐
E	$s = \frac{\sin(\varphi)}{h}$	☐

Vernetzung – Typ-2-Aufgaben

Typ 2 **M** **187.** Durchfährt man mit einem Motorrad mit der Geschwindigkeit v (m/s) eine Kurve mit Radius r, muss man sich und das Motorrad um den Winkel α neigen, da man sonst aufgrund der einwirkenden Fliehkraft F (in Newton) ($F = m \cdot v^2/r$) umkippt. Das Motorrad und dessen Fahrer werden von der Erde mit der Gewichtskraft G (in Newton) angezogen. Es gilt $G = m \cdot g$, wobei m die Masse (in kg) und $g \approx 9{,}807\frac{m}{s^2}$ die Erdbeschleunigung bezeichnet.

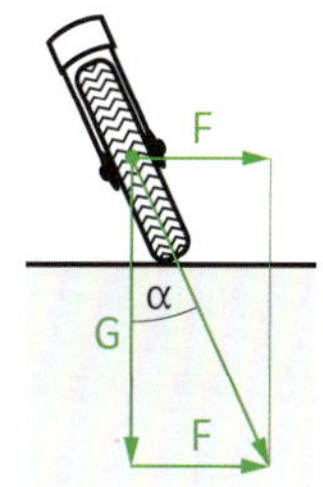

a) Überlege, was passiert, wenn F > G ist.

b) Betrachte die Skizze und kreuze die zutreffende(n) Formel(n) an.

$\tan(\alpha) = \frac{G}{F}$	☐
$\cos(\alpha) = \frac{F}{G}$	☐
$\frac{\cos(\alpha)}{\sin(\alpha)} = \frac{F}{G}$	☐
$\tan(\alpha) = \frac{F}{G}$	☐
$\sin(\alpha) = \frac{F}{G}$	☐
$\frac{\sin(\alpha)}{\cos(\alpha)} = \frac{G}{F}$	☐

c) Die Formel $\tan(\alpha) = \frac{\frac{m \cdot v^2}{r}}{m \cdot g}$ dient dazu, den Winkel bei der Kurvenlage eines Motorrads zu beschreiben. Erläutere, warum der Neigungswinkel unabhängig von dem Gewicht des Motorrades bzw. der fahrenden Person ist.

d) Gegeben sind der Neigungswinkel eines Motorrades beim Durchfahren einer Kurve ($\alpha = 15°$), sowie der Radius der Kurve (r = 10 m). Berechne die Geschwindigkeit des Motorrades in m/s.

e) Eine Motorradfahrerin durchfährt mit 100 km/h eine Kurve mit einem Radius von 50 m. Ermittle mit der Formel $\tan(\alpha) = \frac{v^2}{g \cdot r}$, wie weit sich die Fahrerin mit ihrem Motorrad neigen muss und vergleiche den berechneten Wert mit dem entsprechenden Wert im Diagramm (1 m/s = 3,6 km/h). Überlege, welche Ursachen es haben könnte, wenn die Werte voneinander abweichen.

notwendige theoretische Schräglagen

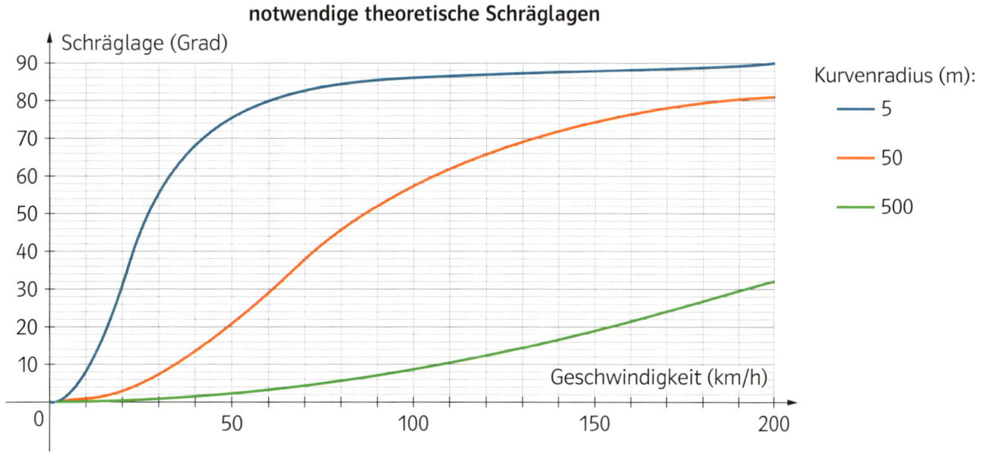

f) Nimm an, eine Person würde auf dem Mond eine Kurve fahren. Ermittle, inwieweit sich die Beschleunigung des Mondes $g_m = 1{,}622\,m/s^2$ auf die mögliche Geschwindigkeit des Motorrades auswirken würde.

10 Trigonometrie im allgemeinen Dreieck

10.1 Winkelfunktionen für beliebige Dreiecke

Der Einheitskreis

188. Zeichne den Winkel **a)** $\alpha = 75°$, **b)** $\alpha = 20°$, **c)** $\alpha = 50°$ in den Einheitskreis ein und miss die Werte für $\sin(\alpha)$, $\cos(\alpha)$ und $\tan(\alpha)$ ab. Überprüfe die Messergebnisse mit einem Taschenrechner.

a)

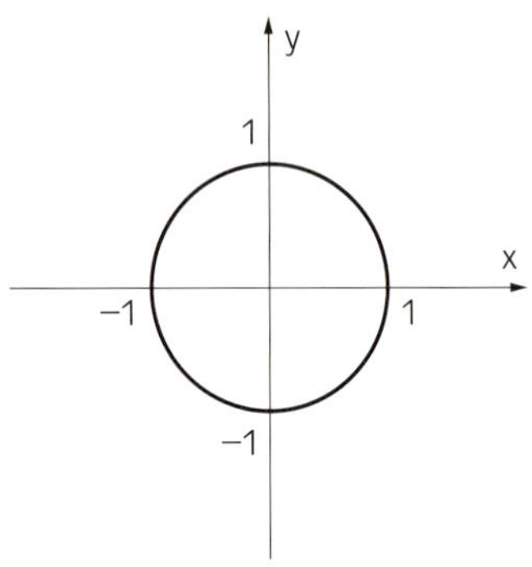

b)

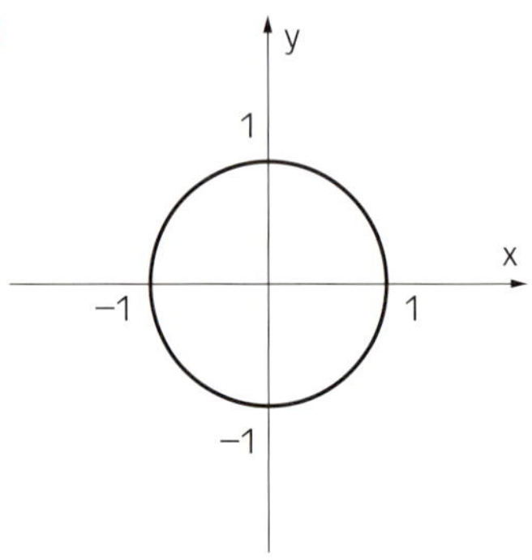

c)

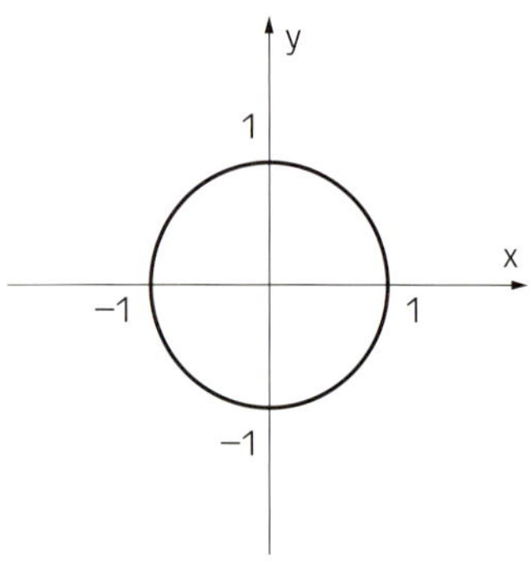

Die Winkelfunktionen für Winkel über 90°

189. Zeichne die Strecken ein, die dem Sinus-, dem Cosinus- und dem Tangenswert des Winkels α entsprechen.

a)

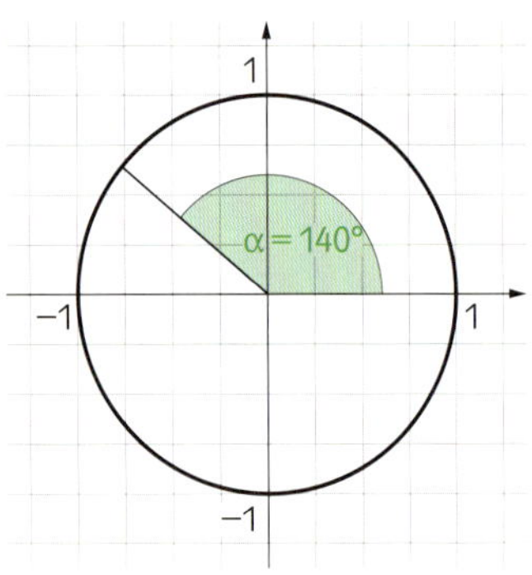

b)

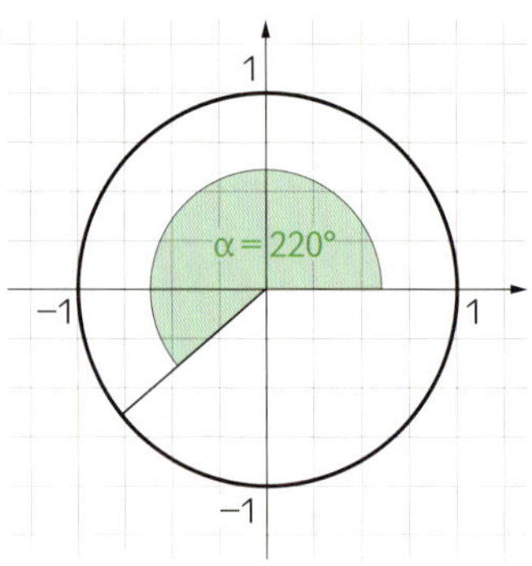

190. Reduziere das gegebene Winkelmaß auf das eines spitzen Winkels.

a) $\cos(165°) =$ ______________

b) $\sin(320°) =$ ______________

c) $\sin(230°) =$ ______________

d) $\cos(280°) =$ ______________

191. Für welche Winkel α mit $0° < \alpha < 360°$ gilt die folgende Beziehung?

a) $\sin(\alpha) = 0{,}354$
b) $\sin(\alpha) = -0{,}123$
c) $\cos(\alpha) = -0{,}132$
d) $\cos(\alpha) = 0{,}878$
e) $\tan(\alpha) = 5$
f) $\tan(\alpha) = -5{,}67$

Selbstkontrolle für die Aufgaben 190 und 191. Sind alle Ergebnisse korrekt entsteht ein regelmäßiges Muster.

$-\cos(15°)$	187,07°	217,66°	178,70°	20°	35,29°	$\cos(50°)$	97,59°	$-\sin(50°)$
331,40°	$\cos(80°)$	20,73°	100,00°	17°	28,60°	280,00°	$-\sin(40°)$	159,27°
258,69°	78,69°	344,62°	$\cos(30°)$		28,99°	$\sin(50°)$	262,41°	352,93°

AG-R 4.2 M **192.** Gib an, für welche Winkel $-1 < \cos(\alpha) < 0$ gilt. Kreuze die beiden zutreffenden Aussagen an.

A	B	C	D	E
spitze Winkel	$180° < \alpha < 270°$	rechte Winkel	stumpfe Winkel	$270° < \alpha < 360°$
☐	☐	☐	☐	☐

Trigonometrische Grundbeziehungen

193. Verwende den Zusammenhang $\sin^2(\alpha) + \cos^2(\alpha) = 1$ und berechne $\sin(\alpha)$ bzw. $\cos(\alpha)$.

a) $\cos(\alpha) = -0{,}352$ mit $90° < \alpha < 180°$ $\sin(\alpha) =$ ______

b) $\sin(\alpha) = -0{,}936$ mit $270° < \alpha < 360°$ $\cos(\alpha) =$ ______

10.2 Sinus- und Cosinussatz

Der Sinussatz

194. Begründe, warum das Dreieck mit $a = 8{,}9\,cm$, $b = 5{,}4\,cm$ und $\beta = 36°$ nicht eindeutig konstruierbar ist. Berechne mit Hilfe des Sinussatzes die Streckenlängen und Maße der Winkel der beiden Lösungsdreiecke.

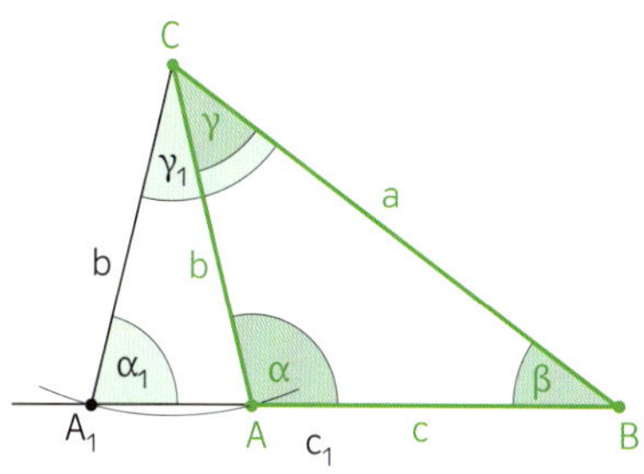

Das Dreieck ist nicht eindeutig konstruierbar, weil die dem Winkel β gegenüberliegende Seite b ______ ist als a.

$\frac{\sin(\alpha)}{a} = \frac{\sin(\beta)}{b}$ $\quad | \cdot$ ______

$\sin(\alpha) = \frac{\sin(\beta)}{b} \cdot a$

$\alpha_1 \approx$ ______ $\quad \alpha = 180° -$ ______ $\approx$ ______

Dreieck ABC: $\alpha \approx$ ______, $\beta = 36°$, $\gamma = 180° - \alpha - \beta \approx$ ______

$\frac{c}{\sin(\gamma)} = \frac{b}{\sin(\beta)} \Leftrightarrow$ $c =$ ______ $c \approx$ ______

Dreieck A_1BC: $\alpha_1 \approx$ ______, $\beta = 36°$, $\gamma_1 = 180° - \alpha_1 - \beta \approx$ ______

$\frac{c_1}{\sin(\gamma_1)} = \frac{b}{\sin(\beta)} \Leftrightarrow$ $c_1 =$ ______ $c_1 \approx$ ______

195. Gegeben ist das Dreieck ABC, mit $a = 80\,mm$, $b = 60\,mm$ und $\alpha = 53°$. Berechne c, β und γ.

$c =$ ______ $\beta =$ ______ $\gamma =$ ______

Der Cosinussatz

196. Berechne den Winkel α im Dreieck ABC mit $a = 5{,}83\,dm$, $b = 8{,}60\,dm$ und $c = 8{,}25\,dm$.

10.3 Anwendungen und Polarkoordinaten

Trigonometrische Flächenformel

197. Das spitzwinklige Dreieck ABC hat den Flächeninhalt A.
Kreuze die richtigen Gleichungen an.

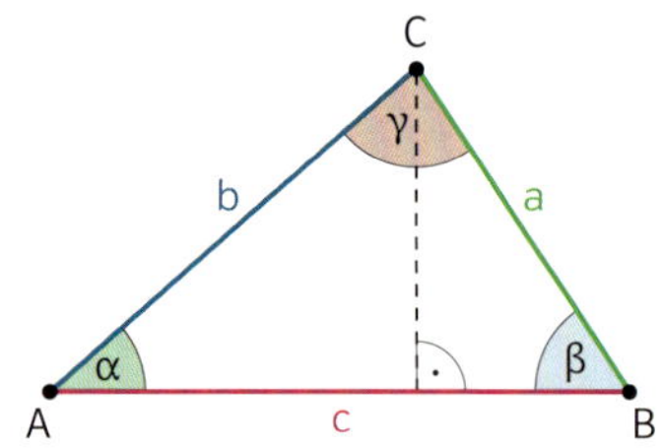

A	$2A = a \cdot b \cdot \sin(\alpha)$	☐	D	$\frac{2A}{ac} = \sin(\beta)$	☐
B	$A = \frac{1}{2} a \cdot b$	☐	E	$\frac{A}{bc} = \frac{\sin(\alpha)}{2}$	☐
C	$A \cdot \sin(\gamma) = \frac{ab}{2}$	☐			

198. Berechne mit Hilfe der trigonometrischen Flächenformel den Flächeninhalt.

a) Gleichseitiges Dreieck: $a = 17\,cm$ — $A =$ ______

b) Parallelogramm: $a = 23{,}4\,cm$, $b = 12{,}2\,cm$, $\beta = 78°$ — $A =$ ______

c) Gleichschenkliges Dreieck ($a = b$): $c = 16\,cm$, $\alpha = \beta = 55°$ — $A =$ ______

d) Deltoid: $a = 23\,cm$, $b = 45\,cm$, $\beta = 100°$ — $A =$ ______

Selbstkontrolle: Die Summe der Flächeninhalte beträgt $1\,515{,}06\,cm^2$ ______

Vermessungsaufgaben

199. Die Breite x des Flusses soll berechnet werden. Dazu steckt man eine Standlinie $a = 130\,m$ ab und misst die Winkel $\beta = 22°$ und $\gamma = 104°$.

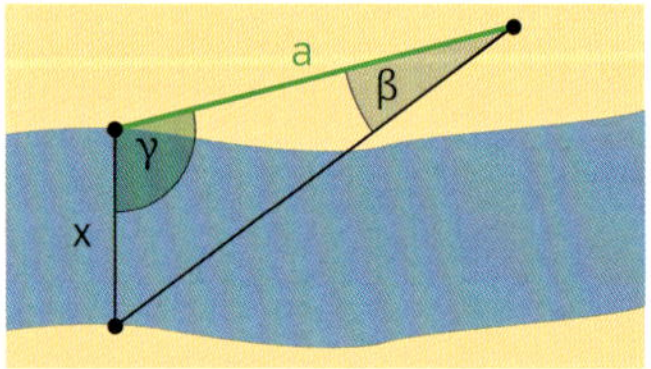

$x =$ ______

200. Von einem Berggipfel sieht man, wenn man nach Westen blickt, zwei Punkte A und B im Tal, die in derselben Vertikalebene wie der Berggipfel liegen, unter den Tiefenwinkeln $\alpha = 13°$ und $\beta = 37°$. A und B sind 1,8 km voneinander entfernt. Bestimme die Höhe des Berges.

$h =$ ______

Polarkoordinaten

201. Berechne die Polarkoordinaten des Punktes.

a) $A = (4 \mid 5) =$ ______ **b)** $B = (-6 \mid 4) =$ ______ **c)** $C = (-1 \mid -2) =$ ______

202. Berechne die kartesischen Koordinaten des Punktes.

a) $A = (5 \mid 56°) =$ ______ **b)** $B = (10 \mid 144°) =$ ______ **c)** $C = (0{,}5 \mid 222°) =$ ______

Vernetzung – Typ-2-Aufgaben

Typ 2 **M** **203.** Bei einem rechtwinkligen Dreieck ($\gamma = 90°$) ist der Inkreisradius $r_i = 4{,}2\,\text{dm}$ und der Winkel $\alpha = 36{,}74°$ gegeben. Die Winkelsymmetralen w_α, w_β, w_γ im Dreieck halbieren die jeweiligen Winkel.

a) Ermittle die Länge der Seite b. Teile dazu die Seite in zwei Abschnitte.

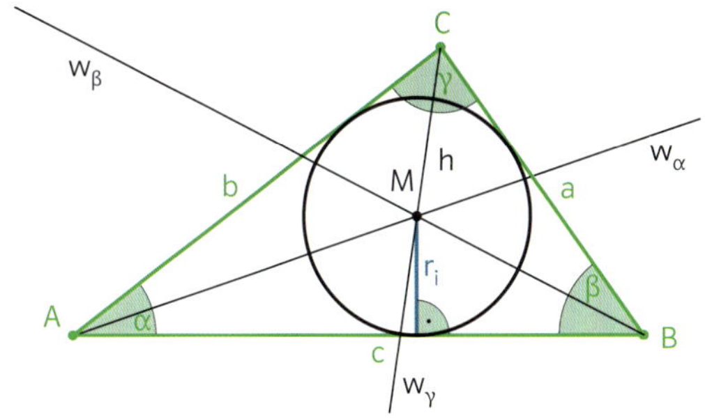

b = ______

b) Kreuze an, was man mit den Angaben und mit Hilfe der Trigonometrie ermitteln kann.

A	B	C	D	E
a	w_β	c	β	w_γ
☐	☐	☐	☐	☐

c) Gib an, welche Aussagen für den Winkel α zutreffen.

A	$\sin\alpha > \cos\alpha$ für $0 < \alpha < 90$.	☐
B	$\tan\alpha \cdot \sin\alpha = \cos\alpha$.	☐
C	$\sin\alpha$ und $\cos\alpha \in \mathbb{R}^+$	☐
D	$\sin\alpha < \cos\alpha$, für $0 < \alpha < 90°$.	☐
E	$\sin(\alpha + 180°) = \sin(-\alpha + 360°)$	☐

d) $\cos\varepsilon = -0{,}958721$. Zeichne alle dazu passenden Winkel in den Einheitskreis ein.

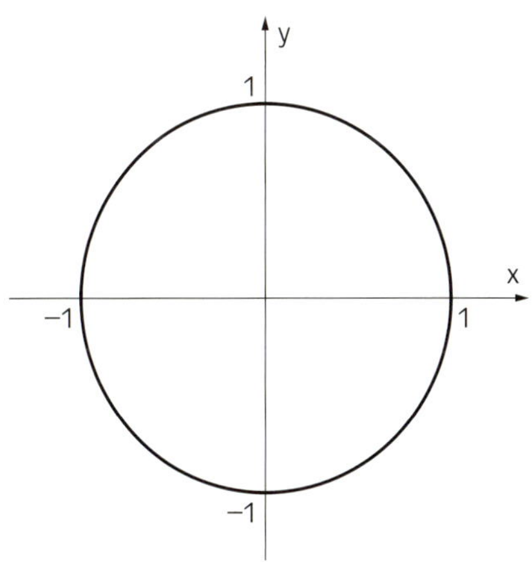

e) Ein Schüler behauptet: „Der Sinus und der Cosinus sind im Einheitskreis nicht eindeutig. Es gibt zwei Winkel, die denselben Sinus bzw. denselben Cosinus haben." Erläutere, ob diese Aussage zutreffend ist und begründe deine Meinung.

11 Vektoren

11.1 Aufstellen von Vektoren

204. In einer Schule gibt es vier fünfte Klassen.

5A: 27 Jugendliche, davon 13 Mädchen
5B: 23 Jugendliche, davon 16 Buben
5C: 25 Jugendliche, davon 22 Mädchen
5D: 19 Jugendliche, reine Mädchenklasse

a) Stelle für jede Klasse einen Vektor aus $\mathbb{R}^2$ in Spaltenform auf, der die Anzahl der Buben und Mädchen pro Klasse angibt.

b) Stelle für die Buben und die Mädchen jeweils einen Vektor aus $\mathbb{R}^4$ in Zeilenform auf, der die Anzahl der Buben bzw. Mädchen pro Klasse angibt.

c) Interpretiere den Vektor (27 | 23 | 25 | 19).

d) Während des Schuljahrs wechseln zwei Mädchen von der 5A in die 5D und zwei Buben von der 5C in die 5B. Stelle für jede Klasse einen Vektor in Zeilenform auf, der die neue Anzahl der Buben und Mädchen pro Klasse angibt.

11.2 Rechnen mit Vektoren

Addieren und Subtrahieren von Vektoren, Multiplikation eines Vektors mit einer reellen Zahl

205. Die Handyapp „Homer allein zuhause" wurde in den letzten Monaten von vielen Usern heruntergeladen. Der Vektor D = (1245 | 12355 | 11893 | 22223) gibt die Anzahl der Downloads in den ersten vier Monaten an. Im ersten Monat wurde das Spiel gratis, im zweiten Monat um 99 Cent, im dritten Monat um 1,99 Euro und im vierten Monat um 50 Cent angeboten.

a) Stelle einen Vektor P auf, der die Preise des Spiels in den ersten vier Monaten angibt.

b) Der Vektor C = (561 | 2544 | 11370 | 30190) gibt die Anzahl der Downloads bei der App „Cats" im gleichen Zeitraum an. Addiere die Vektoren C und D und gib eine mögliche Bedeutung des Ergebnisses an.

c) Berechne 0,8 · P und gib eine mögliche Bedeutung der Formel an.

Multiplikation zweier Vektoren

206. Berechne das skalare Produkt der beiden Vektoren A = (2 | 6 | −3 | 5) und B = (−1 | 4 | 9 | 12). Die Ziffernsumme deines Ergebnisses sollte 10 ergeben.

AG-R 3.3 **M** **207.** In einem Kindergarten gibt es drei Spielgruppen. Der Vektor S = (12 | 9 | 11) gibt die Anzahl der Kinder pro Spielgruppe an. Der Vektor N = (4 | 3 | 5) gibt die Anzahl der Kinder pro Spielgruppe an, die nicht im Kindergarten Mittag essen. Erläutere den folgenden Rechenausdruck.

$$(S - N) \cdot \begin{pmatrix} 1 \\ 1 \\ 1 \end{pmatrix}$$

208. Gegeben sind die beiden reellen Zahl a, b und die zwei Vektoren C, D, ∈ $\mathbb{R}^6$. Markiere alle Rechenausdrücke, deren Ergebnis möglich ist und wieder einen Vektor liefert. Welchen Namen erhältst du, wenn du die dazugehörigen Buchstaben richtig ordnest?

LÖSUNGSWORT: ____________________

$a \cdot C + a \cdot D$	**R**	$a \cdot b \cdot C$	**I**	$(a + b) \cdot (C + D)$	**A**
$(C \cdot D) \cdot (a \cdot b)$	**S**	$C + a \cdot D$	**O**	$a + b + C$	**U**
$a \cdot C + a \cdot D + (C + D) \cdot a$	**M**	$a + C + D$	**E**		

209. Die Textilfirma „Orlan" beliefert drei Filialen mit vier verschiedenen Produkten. Der Vektor L = (203 | 47 | 65 | 44) gibt an, wie viele der einzelnen Produkte monatlich an jede Filiale geliefert werden. Der Vektor P = (25 | 23 | 43 | 65) gibt den Preis der einzelnen Produkte in Euro an. Der Vektor R = (304 | 55 | 22 | 70) gibt an, wie viel Stück insgesamt von den drei Filialen nach drei Monaten wieder an die Textilfirma zurückgeschickt wurden. Gib eine Formel an, mit der man die Gesamteinnahmen der Textilfirma berechnen kann. Berechne diese und kreuze das richtige Ergebnis an.

49 794	21 072	26 172	25 314	47 589	45 512
☐	☐	☐	☐	☐	☐

11.3 Geometrische Interpretation von Vektoren im $\mathbb{R}^2$

Interpretation als Punkte und Pfeile

AG-R 3.2 **M** **210.** In der Abbildung sind fünf Vektoren dargestellt. Ordne jedem Vektor sein passendes Zahlenpaar zu.

1	A	
2	B	
3	$\vec{c}$	
4	$\vec{d}$	

A	$\begin{pmatrix} 3 \\ -1 \end{pmatrix}$
B	$\begin{pmatrix} 2 \\ 1 \end{pmatrix}$
C	(1 | −3)
D	(3 | 1)
E	(−3 | 1)
F	$\begin{pmatrix} -3 \\ -1 \end{pmatrix}$

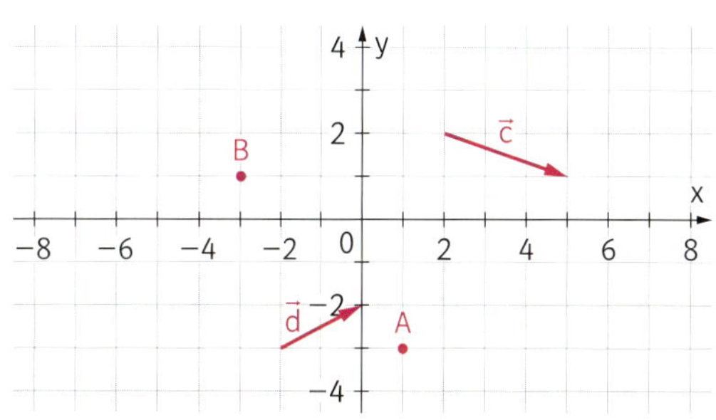

AG-R 3.2 **M** **211.** Stelle den Vektor $\vec{r} = \begin{pmatrix} -1 \\ 2 \end{pmatrix}$ mit drei verschiedenen Pfeilen im Koordinatensystem dar.

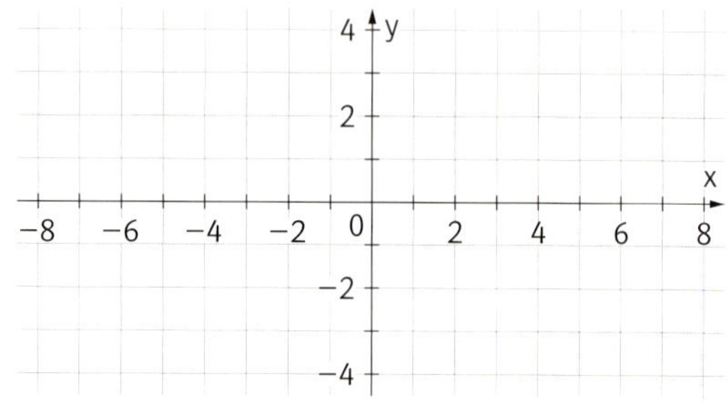

212. In der Abbildung werden Vektoren durch Punkte und Pfeile dargestellt.

a) Gib an, welche Pfeile bzw. Punkte denselben Vektor repräsentieren und gib ihre Koordinaten an.

b) Welche Vektoren repräsentieren einen Gegenvektor von $\vec{d}$?

c) Ist $\vec{h}$ ein Gegenvektor zu $\vec{e}$? Begründe deine Entscheidung.

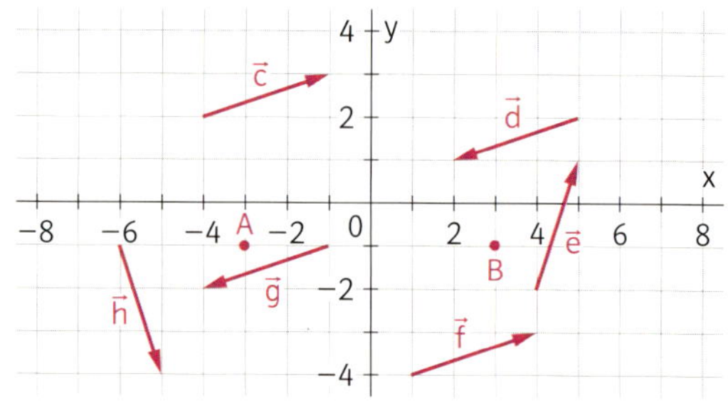

213. Zeichne in das Koordinatensystem zuerst die Punkte A, B, C, D, E, F und G ein. Anschließend stelle die übrigen Vektoren als jeweils einen Pfeil dar. Der Vektor $\vec{a}$ soll bei A starten, der Vektor $\vec{b}$ soll bei B starten.

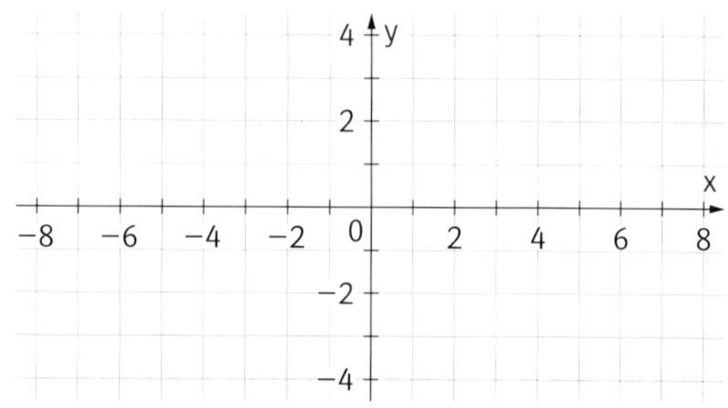

Welches Lösungswort erhältst du? ______________

A(1 | 4) B(3 | 2) C(4 | 1) D(6 | −1)
E(2,5 | −0,5) F(0 | −1) G(−2 | 1)

$\vec{a} = \begin{pmatrix} 2 \\ -2 \end{pmatrix}$ $\vec{b} = \begin{pmatrix} -3 \\ -3 \end{pmatrix}$ $\vec{c} = \begin{pmatrix} -3 \\ -3 \end{pmatrix}$ $\vec{d} = \begin{pmatrix} -3{,}5 \\ 0{,}5 \end{pmatrix}$ $\vec{e} = \begin{pmatrix} 0{,}5 \\ -3{,}5 \end{pmatrix}$ $\vec{f} = \begin{pmatrix} -2 \\ 2 \end{pmatrix}$ $\vec{g} = \begin{pmatrix} 3 \\ 3 \end{pmatrix}$

AG-R 3.2 **M** **214.** Kreuze die beiden zutreffenden Aussagen an.

A	Jeder Punkt der Ebene wird genau einem Vektor zugeordnet.	☐
B	Jeder Pfeil der Ebene ist ein Repräsentant von unendlich vielen, gleich langen Vektoren.	☐
C	Jeder Vektor der Ebene kann als Punkt dargestellt werden.	☐
D	Jeder Vektor kann nur durch einen Punkt oder einen einzigen Pfeil dargestellt werden.	☐
E	Jedem Vektor kann man unendlich viele Pfeile zuordnen, die alle gleich lang und parallel sind, aber eine unterschiedliche Orientierung besitzen können.	☐

Berechnen eines Vektors aus Anfangspunkt und Endpunkt

215. Gib die Koordinaten der vier Eckpunkte an. Berechne anschließend die Seiten- und Diagonalenvektoren des Vierecks und überprüfe anhand der Zeichnung. Welche Vektoren sind gleich?

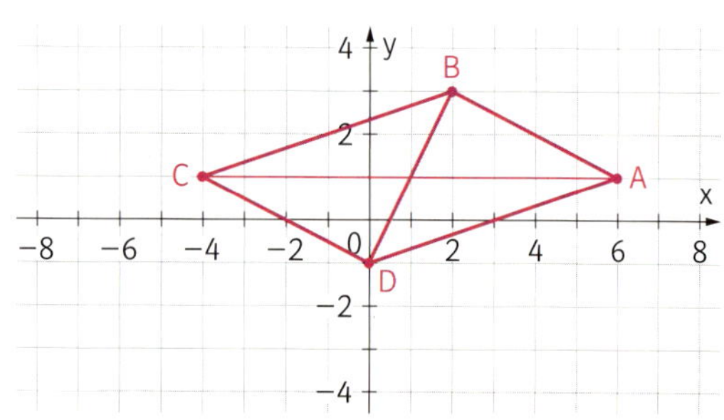

A = ______ B = ______

C = ______ D = ______

$\overrightarrow{AB} = \begin{pmatrix} \\ \end{pmatrix}$ $\overrightarrow{BC} = \begin{pmatrix} \\ \end{pmatrix}$ $\overrightarrow{CD} = \begin{pmatrix} \\ \end{pmatrix}$

$\overrightarrow{AD} = \begin{pmatrix} \\ \end{pmatrix}$ $\overrightarrow{AC} = \begin{pmatrix} \\ \end{pmatrix}$ $\overrightarrow{BD} = \begin{pmatrix} \\ \end{pmatrix}$

Die Länge eines Vektors/Der Betrag eines Vektors

216. Überprüfe mit Hilfe des Lehrsatz des Pythagoras, ob das angegebene Dreieck rechtwinklig ist.

a) A(−4 | −2), B(−3 | −6), C(0 | −1) **b)** A(−2 | 1), B(5 | −4), C(1 | 3)

217. Welche der folgenden Vektoren besitzen die Länge $\sqrt{34}$?

$\begin{pmatrix}4\\2\end{pmatrix}$ $\begin{pmatrix}-3\\7\end{pmatrix}$ $\begin{pmatrix}-1\\15\end{pmatrix}$ $\begin{pmatrix}1\\33\end{pmatrix}$ $\begin{pmatrix}-5\\3\end{pmatrix}$ $\begin{pmatrix}3\\-5\end{pmatrix}$ $\begin{pmatrix}7\\3\end{pmatrix}$ $\begin{pmatrix}-2\\4\end{pmatrix}$ $\begin{pmatrix}-3\\-5\end{pmatrix}$ $\begin{pmatrix}-7\\-3\end{pmatrix}$

218. Markiere jene Vektoren, die die gleiche Länge besitzen, mit gleicher Farbe. Anschließend berechne die Längen der übrigen Vektoren und addiere diese. Du solltest als Ergebnis **28** erhalten.

$\begin{pmatrix}5\\9\end{pmatrix}$ $\begin{pmatrix}5\\5\end{pmatrix}$ $\begin{pmatrix}-1\\7\end{pmatrix}$ $\begin{pmatrix}7\\1\end{pmatrix}$ $\begin{pmatrix}9\\5\end{pmatrix}$ $\begin{pmatrix}6\\-8\end{pmatrix}$ $\begin{pmatrix}7\\-1\end{pmatrix}$ $\begin{pmatrix}-5\\-9\end{pmatrix}$ $\begin{pmatrix}8\\0\end{pmatrix}$ $\begin{pmatrix}3\\4\end{pmatrix}$ $\begin{pmatrix}3\\-4\end{pmatrix}$

219. Bestimme die fehlende Koordinate so, dass der angegebene Vektor die Länge l besitzt:

$\vec{a} = \begin{pmatrix}-13\\z\end{pmatrix}$ $l = \sqrt{250}$ z = ______________

AG-R 3.3 **M** **220.** Kreuze die zutreffende(n) Aussage(n) an.

A	Sind zwei Vektoren gleich lang, dann besitzen die beiden Vektoren die gleiche Richtung.	☐
B	Es gilt immer: $\lvert\vec{b}\rvert = \lvert-\vec{b}\rvert$, $\vec{b} \in \mathbb{R}^2$	☐
C	Der Betrag eines Vektors ist wieder ein Vektor.	☐
D	Es gilt für $A, B \in \mathbb{R}^2$: $\lvert\overrightarrow{AB}\rvert = \lvert B\rvert - \lvert A\rvert$	☐
E	Der Betrag des Vektors $\overrightarrow{AB}$ ist der Abstand der beiden Punkte A und B zueinander.	☐

11.4 Geometrische Interpretation der Rechenoperationen

Geometrische Interpretation der Addition und Subtraktion von Vektoren

AG-R 3.3 **M** **221.** In der Abbildung sind verschiedene Vektoren dargestellt. Kreuze die zutreffende(n) Aussage(n) an.

A	$\vec{a} = \vec{b} + \vec{b}$	☐
B	$\vec{c} = -\vec{b}$	☐
C	$\vec{d} = \vec{b}$	☐
D	$\vec{e} = \vec{f} + \vec{b}$	☐
E	$\vec{a} = \vec{b} + \vec{c}$	☐

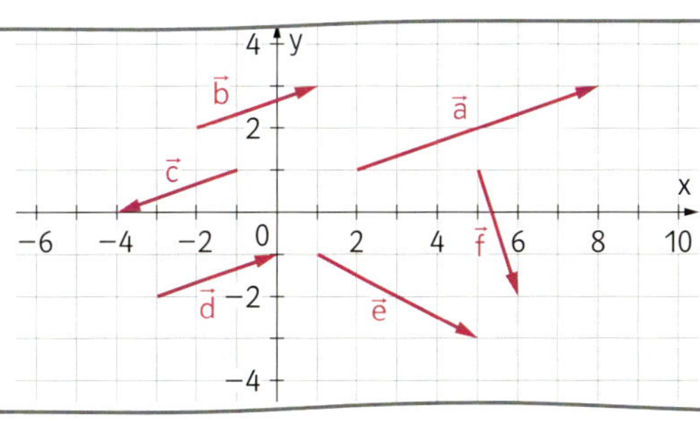

AG-R 3.3 **M** **222.** In der Abbildung sind die Vektoren $\vec{a}$ und $\vec{b}$ als Pfeile dargestellt. Stelle die Subtraktion $\vec{a}-\vec{b}$ geometrisch dar und stelle das Ergebnis als einen Pfeil ausgehend vom Punkt E dar.

a)

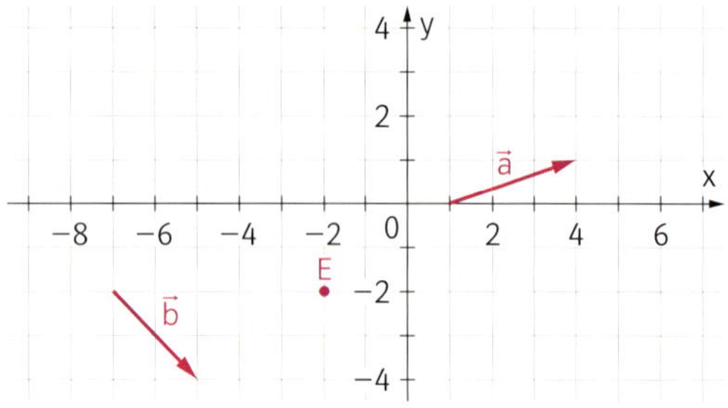

b)

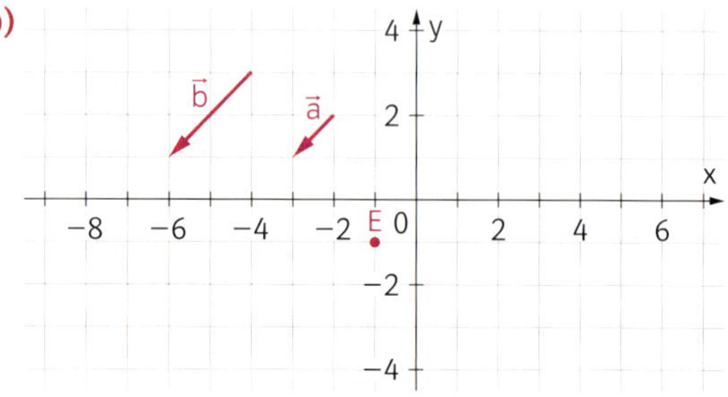

223. **a)** Verwende die Vektoren aus Aufgabe 222a und berechne: $E+\vec{a}-\vec{b}=$ ______

b) Verwende die Vektoren aus Aufgabe 222b und berechne: $E+\vec{a}-\vec{b}=$ ______

AG-R 3.3 **M** **224.** Auf einem Körper wirken zwei Kräfte $\vec{F}_1$ und $\vec{F}_2$. Ermittle grafisch und überprüfe durch Rechnung die Gesamtkraft als Summe der beiden Kräfte $\vec{F}_1+\vec{F}_2$. (1 Kästchen entspricht 1 N)

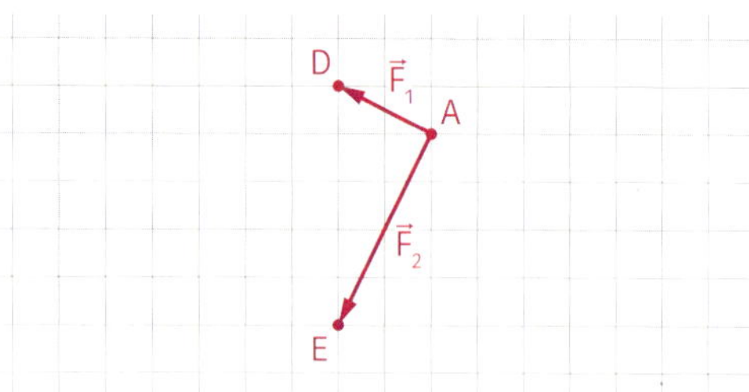

______

225. Von einem Parallelogramm sind die Eckpunkte A(−10 | −1), B(7 | −3) und C(4 | 5) gegeben. Berechne die Koordinaten des Eckpunkts D. D = ______

Multiplizieren mit einem Skalar, Parallelitätskriterium

226. Führe folgende Rechenanweisungen durch und trage die erhaltenen Punkte ein. Welches Lösungswort erhältst du?

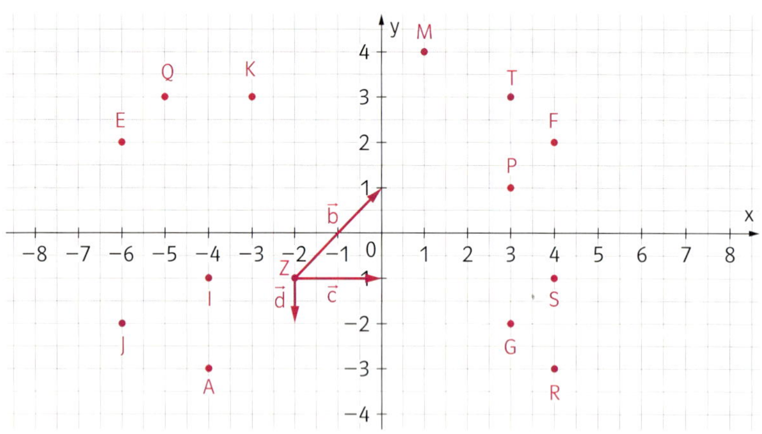

Lösungswort: ______

1) $Z+3\vec{c}$ = ______

2) $Z-\vec{c}$ = ______

3) $Z+2\vec{b}-\frac{1}{2}\vec{c}-\vec{d}$ = ______

4) $Z-\frac{1}{2}\vec{c}-4\vec{d}$ = ______

5) $Z-\vec{c}+2\vec{d}$ = ______

6) $Z+3\vec{c}+2\vec{d}$ = ______

7) $Z+2\vec{b}+\frac{1}{2}\vec{c}$ = ______

8) $Z-\vec{b}-\vec{c}-5\vec{d}$ = ______

AG-R 3.3 **M** **227.** Kreuze die zutreffende(n) Aussage(n) an.

A	$\vec{a} = -\vec{b}$	☐
B	$\vec{c} = 2\vec{b}$	☐
C	$\vec{d} = \vec{b}$	☐
D	$\vec{e} = \vec{a} + \vec{b}$	☐
E	$\vec{0} = \vec{b} + \vec{c}$	☐

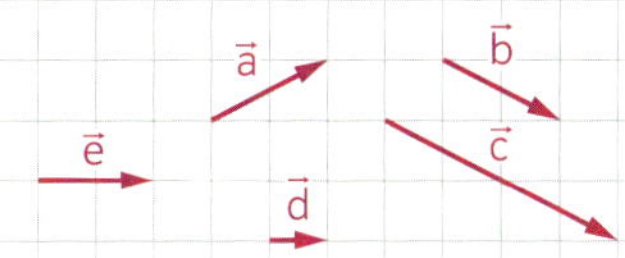

AG-R 3.3 **M** **228.** Bestimme die fehlende Koordinate so, dass die beiden Vektoren zueinander parallel sind.

$\vec{a} = \begin{pmatrix} -6 \\ 9 \end{pmatrix}$, $\vec{b} = \begin{pmatrix} 9 \\ i \end{pmatrix}$ i = ____________

Vernetzung – Typ-2-Aufgaben

Typ 2 **M** **229.** Ein kleines Kaffeehaus bietet im Sommer sechs Eissorten an. Der Vektor B gibt den täglichen Anfangsbestand in Liter pro Sorte an, der Vektor P die Preise der einzelnen Eissorten in Euro pro Liter. Am Ende jedes Tages wird noch die Menge ermittelt, die verkauft wurde (in Liter). Sie wird im Vektor E angegeben.

Folgende Ausdrücke sind gegeben: **1)** $V = B - E$ **2)** $R = E \cdot P$

a) Interpretiere die beiden Ausdrücke.

b) Ermittle V und R, wenn B = (20 | 60 | 40 | 10 | 15 | 25), P = (9,90 | 9,90 | 9,90 | 9,90 | 9,90 | 9,90) und E = (14 | 40 | 33 | 2 | 0 | 5) ist.

c) Gib an, welcher der beiden Terme V und R ein Vektor ist und begründe deine Entscheidung.

Typ 2 **M** **230.** Auf einen Blumentopf, der im 7. Stock bei starkem Wind vom Fensterbrett fällt, wirken die zwei Teilkräfte F_1 und F_2. Die Schwerkraft $F_1 = \begin{pmatrix} 0 \\ -10 \end{pmatrix}$ und die Kraft des Windes $F_2 = \begin{pmatrix} 5 \\ -2 \end{pmatrix}$. Der Betrag jeder Kraft $F = \begin{pmatrix} x \\ y \end{pmatrix}$ wird in Newton (N) angegeben.

a) Stelle die Vektoren graphisch dar und zeichne auch die Gesamtkraft (Summe der Teilkräfte) ein.

b) Ermittle, welche Kraft auf den Blumentopf insgesamt wirkt.

c) Gib an, wie die Windkraft angegeben sein müsste, damit der Blumentopf genau unter dem Fensterbrett landet.

d) Ergibt die Summe der Kräfte, die auf einen Körper wirken, den Nullvektor $\vec{0} = \begin{pmatrix} 0 \\ 0 \end{pmatrix}$, befindet sich der Körper in einem Kräftegleichgewicht. Gib an, ob dies in diesem Kontext möglich ist, und begründe deine Aussage.

e) Berechne den Winkel, den die beiden Kraftvektoren F_1 und F_2 miteinander einschließen.

12 Geometrische Anwendungen von Vektoren

12.1 Abtragen von Strecken

Der Mittelpunkt einer Strecke

231. Gegeben sind die Punkte A = (−7 | 9), B = (−3 | 4), C = (2 | 1), D = (−6 | −8), E = (0 | 12), F = (−13 | 5), G = (1 | 2), H = (−8 | −9). Berechne die gesuchten Mittelpunkte der Strecken und trage die dazugehörigen Buchstaben ein. Welches Wort erhältst du, wenn du die Buchstaben absteigend von **8)** bis **1)** liest?

LÖSUNGSWORT: ______________

1) M_{AB} = (______ | ______) ______   **5)** M_{AC} = (______ | ______) ______

2) M_{CD} = (______ | ______) ______   **6)** M_{BD} = (______ | ______) ______

3) M_{EF} = (______ | ______) ______   **7)** M_{FH} = (______ | ______) ______

4) M_{GH} = (______ | ______) ______   **8)** M_{FD} = (______ | ______) ______

mögliche Lösungen:

$\left(-2 \middle\| -\frac{7}{2}\right)$	R	$\left(-\frac{5}{2} \middle\| 5\right)$	Z	$\left(-\frac{19}{2} \middle\| \frac{3}{2}\right)$	H	(6,5 | −5)	K	$\left(-\frac{19}{2} \middle\| -\frac{3}{2}\right)$	S
(1 | 12)	M	(−6 | −6)	T	$\left(-\frac{9}{2} \middle\| -2\right)$	L	(−5 | 6,5)	G	(0,5 | −19,5)	D
(−10,5 | −2)	A	(−6,5 | 8,5)	U	$\left(-\frac{9}{2} \middle\| 2\right)$	I	$\left(\frac{9}{2} \middle\| -5\right)$	C	(−3,5 | −3,5)	B

232. a) Gib die Koordinaten der drei Eckpunkte des Dreiecks an.

A = (______ | ______)   B = (______ | ______)   C = (______ | ______)

b) Berechne die Koordinaten der Seitenmittelpunkte und zeichne sie in die Abbildung ein.

M_{AB} = (______ | ______) M_{AC} = (______ | ______) M_{BC} = (______ | ______)

c) Verbinde die Mittelpunkte mit dem gegenüberliegenden Eckpunkt. Welchen besonderen Schnittpunkt erhältst du? Wenn du die beiden Koordinaten dieses Punktes addierst solltest du die Zahl **−1** erhalten.

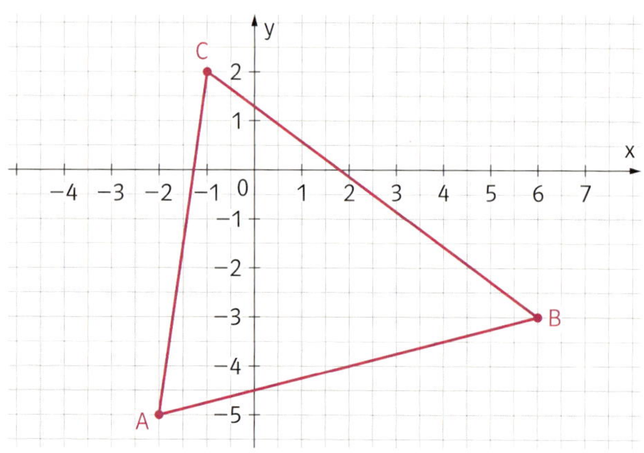

Der Einheitsvektor

233. Bestimme die Koordinaten des Einheitsvektors.

a) $\vec{a} = \begin{pmatrix}13\\5\end{pmatrix}$ $\vec{a}_0 =$ ______ **b)** $\vec{b} = \begin{pmatrix}-12\\9\end{pmatrix}$ $\vec{b}_0 =$ ______

234. Bestimme die fehlende Koordinate des Einheitsvektors (Es gibt zwei Möglichkeiten).

a) $\vec{a}_0 = \begin{pmatrix}0{,}28\\r\end{pmatrix}$ $r =$ ______ **b)** $\vec{b}_0 = \frac{1}{85}\begin{pmatrix}r\\-84\end{pmatrix}$ $r =$ ______

235. Ordne den einzelnen Vektoren die dazugehörigen Einheitsvektoren zu.

1	$\begin{pmatrix}-8\\6\end{pmatrix}$		A	$\frac{1}{17}\cdot\begin{pmatrix}-8\\15\end{pmatrix}$	D	$\begin{pmatrix}-\frac{5}{13}\\\frac{12}{13}\end{pmatrix}$
2	$\begin{pmatrix}-5\\12\end{pmatrix}$		B	$\frac{1}{5}\cdot\begin{pmatrix}-4\\3\end{pmatrix}$	E	$\frac{1}{25}\cdot\begin{pmatrix}-7\\-24\end{pmatrix}$
3	$\begin{pmatrix}-7\\24\end{pmatrix}$		C	$\frac{1}{12}\cdot\begin{pmatrix}-8\\15\end{pmatrix}$	F	$\begin{pmatrix}-0{,}28\\0{,}96\end{pmatrix}$
4	$\begin{pmatrix}-8\\15\end{pmatrix}$					

236. Kreuze die zutreffende(n) Antworten an.

A	Ein Vektor und sein Gegenvektor besitzen denselben Einheitsvektor.	☐
B	Der Betrag eines Einheitsvektors ist für alle Vektoren gleich.	☐
C	Den Einheitsvektor von $\overrightarrow{AB}$ erhält man durch $\frac{\overrightarrow{AB}}{\lvert\overrightarrow{AB}\rvert}$	☐
D	Multipliziert man den Einheitsvektor eines Vektors $\vec{a}$ mit 5, dann ist der erhaltene Vektor fünfmal so lang wie der Vektor $\vec{a}$.	☐
E	Durch Addition zweier Einheitsvektoren erhält man immer wieder einen neuen Einheitsvektor.	☐

Abtragen von Strecken

237. Gegeben sind die Punkte A = (4 | 9), B = (11 | −15). Berechne die gesuchten Punkte und trage die dazugehörigen Buchstaben ein. Welches Lösungswort erhältst du, wenn du die Buchstaben in dieser Reihenfolge sortierst? **b)** ____ **a)** ____ **e)** ____ **c)** ____ **d)** ____ **f)**

Gib jenen Punkt an,

a) der 4 Einheiten von B in Richtung $\overrightarrow{AB}$ entfernt ist
b) der 3 Einheiten von A in Richtung $\overrightarrow{AB}$ entfernt ist
c) der 5 Einheiten von A in Richtung $\overrightarrow{BA}$ entfernt ist
d) der 3 Einheiten von B in Richtung $\overrightarrow{BA}$ entfernt ist
e) der die Strecke AB im Verhältnis 2 : 3 teilt
f) der die Strecke AB im Verhältnis 1 : 1 teilt.

(−2 | 4,14)	X	$\left(-\frac{5}{2}\middle\vert 5\right)$	Z	(12,12 | −18,84)	U	(6,5 | −5)	S	(6,8 | −0,6)	C
(1 | 12)	M	(−6 | −16)	T	(−2,13 | −2)	L	(−2 | 6,5)	G	(10,16 | −12,12)	E
(−10,5 | −2)	A	(4,84 | 6,12)	K	(7,5 | −3)	N	(2,6 | 13,8)	H	(−3,5 | −3,5)	B

238. Finde jenen Punkt C, welcher sich l Einheiten entfernt von A in Richtung $\overrightarrow{BA}$ befindet.

a) $A = \begin{pmatrix} -4 \\ -3 \end{pmatrix}$, $B = \begin{pmatrix} 0 \\ 5 \end{pmatrix}$, $l = \sqrt[3]{27}$ C = ______ **b)** $A = \begin{pmatrix} 2 \\ 0 \end{pmatrix}$; $B = \begin{pmatrix} -7 \\ 3,5 \end{pmatrix}$, $l = -\sqrt[3]{8}$ C = ______

12.2 Winkel zwischen zwei Vektoren

239. Berechne den Winkel zwischen den beiden Vektoren $\vec{a} = \begin{pmatrix} -2 \\ 7 \end{pmatrix}$ und $\vec{b} = \begin{pmatrix} 4 \\ -8 \end{pmatrix}$.

240. Gegeben ist das Dreieck ABC.

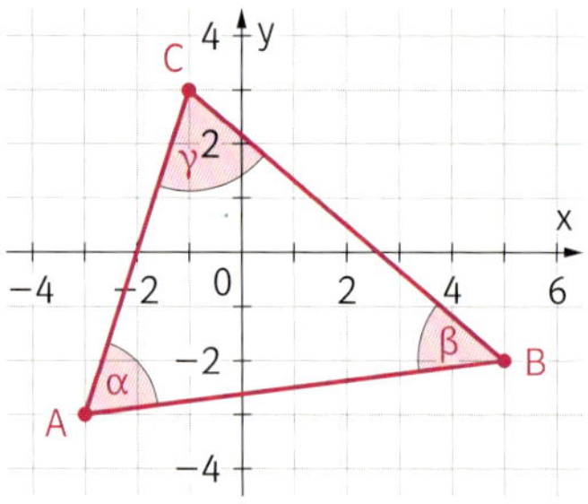

a) Berechne alle Winkel des gegebenen Dreiecks.

$\alpha =$ ______ $\beta =$ ______ $\gamma =$ ______

b) Berechne den Flächeninhalt des Dreiecks mit Hilfe der trigonometrischen Flächeninhaltsformel auf zwei Arten (jeweils mit einem anderen Winkel).

A = ______

241. Vervollständige den Satz so, dass er mathematisch korrekt ist.

Ist das skalare Produkt zweier Vektoren ______(1)______, dann ist der Winkel zwischen diesen beiden Vektoren ______(2)______.

(1)		(2)	
positiv	☐	ein spitzer Winkel	☐
negativ	☐	ein voller Winkel	☐
Null	☐	nicht berechenbar	☐

242. Sind folgende Aussagen richtig oder falsch? Begründe deine Entscheidung.

a) Der Winkel zwischen zwei Vektoren ist gleich groß wie der Winkel zwischen den beiden Gegenvektoren.

b) Der Winkel zwischen zwei Vektoren $\vec{a}$ und $\vec{b}$ ist gleich groß wie der Winkel zwischen den beiden Vektoren $k \cdot \vec{a}$ und $k \cdot \vec{b}$ ($k \in \mathbb{R}^*$)

Orthogonalitätskriterium

243. Markiere jene Vektoren, die auf $\vec{r} = \begin{pmatrix} 6 \\ 9 \end{pmatrix}$ normal stehen und gleich lang sind. Die Summe der markierten Vektoren sollte den Nullvektor ergeben.

☐ $\begin{pmatrix} -9 \\ 6 \end{pmatrix}$ ☐ $\begin{pmatrix} -18 \\ 27 \end{pmatrix}$ ☐ $\begin{pmatrix} -6 \\ -9 \end{pmatrix}$ ☐ $\begin{pmatrix} 9 \\ -6 \end{pmatrix}$ ☐ $\begin{pmatrix} 60 \\ 90 \end{pmatrix}$

☐ $\begin{pmatrix} 3 \\ -2 \end{pmatrix}$ ☐ $\begin{pmatrix} -3 \\ 2 \end{pmatrix}$ ☐ $\begin{pmatrix} -9 \\ -6 \end{pmatrix}$ ☐ $\begin{pmatrix} 12 \\ 14 \end{pmatrix}$

AG-R 3.3 **M** **244.** Betrachte die Abbildung und kreuze die zutreffende(n) Aussage(n) an.

A	$\vec{a} \cdot \vec{f} = 0$	☐
B	$\vec{b} \cdot \vec{c} = 0$	☐
C	$\vec{e} \cdot \vec{g} = 0$	☐
D	$\vec{d} \perp \vec{f}$	☐
E	$\vec{f} \parallel \vec{g}$	☐

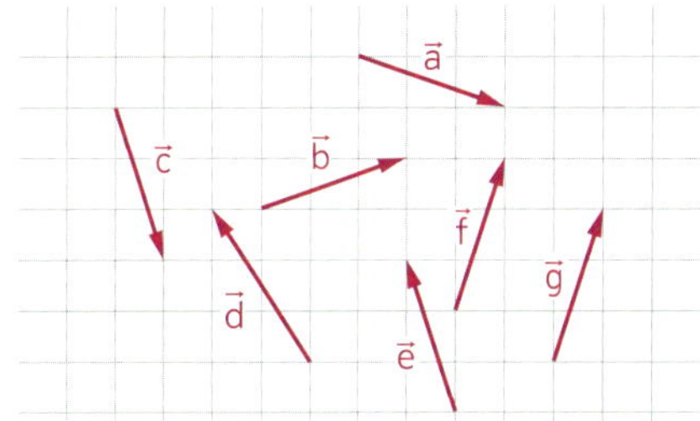

AG-R 3.3 **M** **245.** Gegeben sind die vier Eckpunkte, sowie der Mittelpunkt M der Diagonalen eines Rechtecks. Kreuze die zutreffende(n) Aussage(n) an.

A	$\overrightarrow{AB} \cdot \overrightarrow{BC} = 0$	☐
B	$\overrightarrow{AB} \cdot \overrightarrow{AD} = 0$	☐
C	$\overrightarrow{AC} \cdot \overrightarrow{BC} = 0$	☐
D	$\overrightarrow{AB} \cdot \overrightarrow{CD} = 0$	☐
E	$\overrightarrow{AM} \cdot \overrightarrow{BM} = 0$	☐

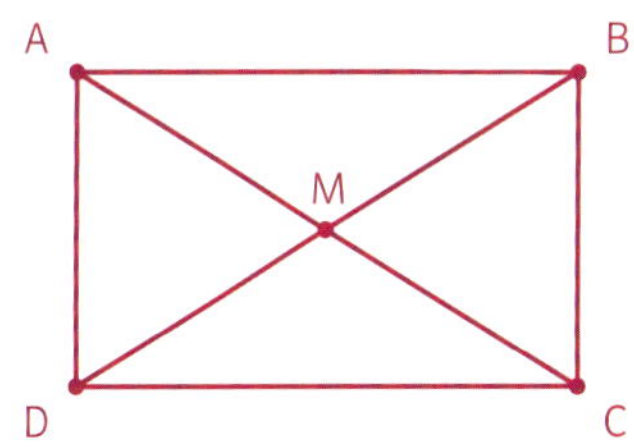

246. Überprüfe, welches Viereck vorliegt. Verwende u.a. das Orthogonalitätskriterium.
A(−3|−1), B(−1|−5), C(1|−1), D(−1|3)

247. Bestimme die fehlende Koordinate so, dass die beiden Vektoren normal aufeinander stehen:

a) $\vec{r} = \begin{pmatrix} 7 \\ -5 \end{pmatrix}, \vec{u} = \begin{pmatrix} t \\ -21 \end{pmatrix}$ t = ____________ **b)** $\vec{r} = \begin{pmatrix} -4 \\ s \end{pmatrix}, \vec{u} = \begin{pmatrix} 9 \\ 12 \end{pmatrix}$ s = ____________

12.3 Finden von Normalvektoren

248. Markiere alle Vektoren, die zu $\vec{a} = \begin{pmatrix} 9 \\ 6 \end{pmatrix}$ parallel sind rot, und alle die auf $\vec{a}$ normal stehen blau. Kontrolliere anschließend, dass die Summe aller roten Vektoren gleich $\begin{pmatrix} 15 \\ 10 \end{pmatrix}$ und die Summe aller blauen Vektoren gleich $\begin{pmatrix} -16 \\ 24 \end{pmatrix}$ ist.

☐ $\begin{pmatrix} -9 \\ -6 \end{pmatrix}$ ☐ $\begin{pmatrix} -6 \\ 9 \end{pmatrix}$ ☐ $\begin{pmatrix} 9 \\ -6 \end{pmatrix}$ ☐ $\begin{pmatrix} 6 \\ -9 \end{pmatrix}$ ☐ $\begin{pmatrix} -6 \\ -9 \end{pmatrix}$

☐ $\begin{pmatrix} -3 \\ 2 \end{pmatrix}$ ☐ $\begin{pmatrix} -3 \\ -2 \end{pmatrix}$ ☐ $\begin{pmatrix} 2 \\ -3 \end{pmatrix}$ ☐ $\begin{pmatrix} 27 \\ 18 \end{pmatrix}$ ☐ $\begin{pmatrix} -18 \\ 27 \end{pmatrix}$

249. Überprüfe, ob die Aussage richtig ist. Begründe deine Entscheidung.

a) Es gibt genau zwei Vektoren, die auf einen gegebenen Vektor normal stehen.

b) Addiert man zwei auf einen Vektor normal stehende Vektoren, dann erhält man den Nullvektor.

c) Addiert man einen auf einen Vektor normal stehenden links gekippten Vektor zu seinem gleich langen rechts gekippten Vektor, dann erhält man den Nullvektor.

250. Zeichne die gesuchten Vektoren der Reihe nach in die Abbildung ein (Starte beim Punkt A und hänge anschießend jeweils einen Pfeil an den vorigen Pfeil dran). Welchen Lösungsbuchstaben erhältst du?

Lösungsbuchstabe: ______________

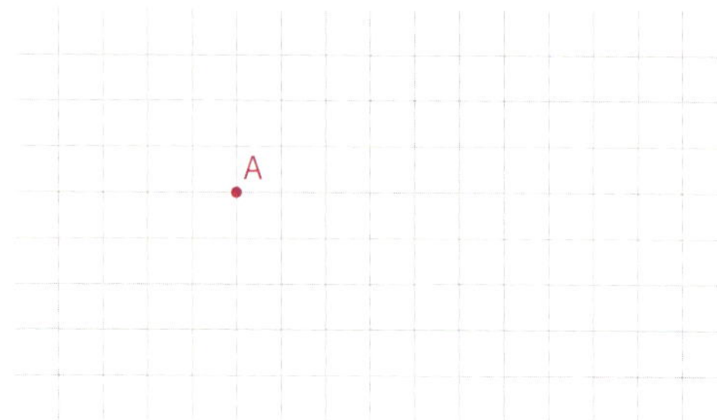

1) Kippe den Vektor $\begin{pmatrix}-3\\3\end{pmatrix}$ nach rechts.

2) Kippe den Vektor $\begin{pmatrix}-3\\0\end{pmatrix}$ nach links.

3) Kippe den Vektor $\begin{pmatrix}0\\3\end{pmatrix}$ nach rechts.

4) Kippe den Vektor $\begin{pmatrix}3\\-3\end{pmatrix}$ nach rechts.

Vernetzung – Typ-2-Aufgaben

Typ 2 **M** **251.** Das Schiff S fährt auf dem Fluss von Marl nach Schönbühel (Strecke 23 km). Die Eigengeschwindigkeit lässt sich dabei mit Hilfe des Geschwindigkeitsvektors $v = \begin{pmatrix}3\\3\end{pmatrix}$ beschreiben. Der Betrag der Geschwindigkeitsvektoren gibt die jeweilige Geschwindigkeit in km/h an. Die Strömungsgeschwindigkeit des Flusses ist durch den Vektor $w = \begin{pmatrix}-1\\-1\end{pmatrix}$ gegeben.

a) Durch die Addition der Eigengeschwindigkeit und der Strömungsgeschwindigkeit lässt sich die tatsächliche Geschwindigkeit des Schiffes ermitteln. Gib sie in km/h und m/s an.

b) In der Abbildung sind die Vektoren v und w dargestellt. Ermittle graphisch den Vektor z für die tatsächliche Geschwindigkeit des Schiffes, indem du die Vektoren v und w graphisch addierst.

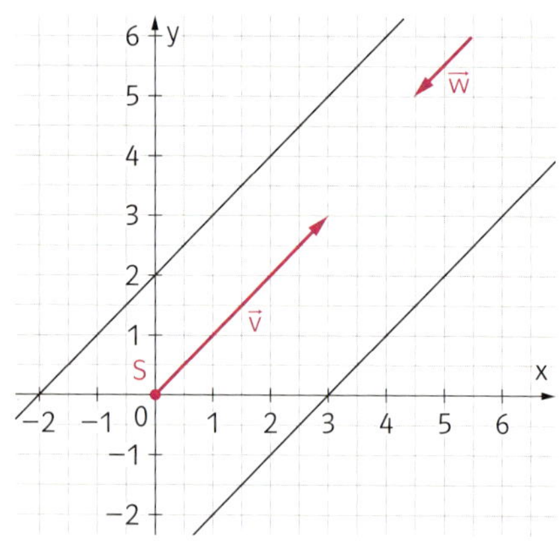

c) Vervollständige den Satz so, dass er mathematisch korrekt ist.

Die gegebenen Vektoren $\vec{v}$ und $\vec{w}$ sind ______ (1) ______, weil ______ (2) ______.

(1)		(2)	
normal aufeinander	☐	die x-Werte verschiedene Vorzeichen haben	☐
parallel	☐	weil sie in die gleiche Orientierung haben	☐
Gegenvektoren	☐	der eine Vektor ein Vielfaches des anderen ist	☐

d) Eine Schülerin beahuptet: „Die Eigengeschwindigkeit des Schiffes ändert sich, wenn es mit der Flussströmung fährt." Ist diese Aussage korrekt? Begründe.

13 Geraden

13.1 Parameterdarstellung einer Geraden

Bestimmen einer Parameterdarstellung

252. Gegeben ist das Dreieck A(−9 | −6), B(5 | −3), C(1 | 4). Stelle jeweils eine Parameterdarstellung für die einzelnen Geraden auf:

a) Trägergerade der Seite b

b) Trägergerade der Seite c

c) parallele Gerade zu der Seite a durch den Punkt P(−6 | 1)

d) normale Gerade zu der Seite b durch den Eckpunkt A

e) Höhenlinie auf die Seite a

f) Streckensymmetrale auf die Seite c

g) Schwerlinie auf die Seite c

h) parallele Gerade zur x-Achse durch den Punkt C

i) parallele Gerade zur Höhenlinie auf die Seite b durch den Punkt A

253. Zeichne die gegebenen Geraden im Koordinatensystem ein. Jene Buchstaben, die auf keiner Geraden liegen, ergeben von links oben nach rechts unten gelesen ein

Lösungswort: ____________________

g: $X = \begin{pmatrix} 0 \\ 3 \end{pmatrix} + t \cdot \begin{pmatrix} 1 \\ 0 \end{pmatrix}$

h: $X = \begin{pmatrix} 2 \\ 3 \end{pmatrix} + s \cdot \begin{pmatrix} 1 \\ -2 \end{pmatrix}$

r: $X = \begin{pmatrix} -3 \\ 4 \end{pmatrix} + u \cdot \begin{pmatrix} 1 \\ -1 \end{pmatrix}$

s: $X = \begin{pmatrix} 6 \\ 2 \end{pmatrix} + m \cdot \begin{pmatrix} -3 \\ -1 \end{pmatrix}$

g: $X = \begin{pmatrix} 0 \\ -1 \end{pmatrix} + d \cdot \begin{pmatrix} 1 \\ 1 \end{pmatrix}$

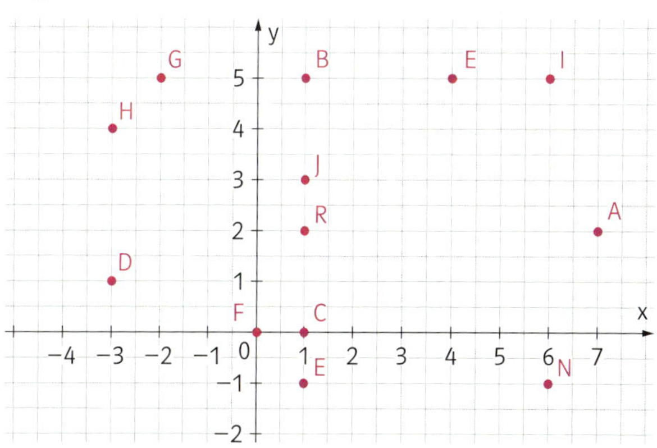

AG-R 3.4 M **254.** Gegeben sind zwei Punkte A(−7 | −4) und B(3 | −6). Gib an, welche Parameterdarstellungen eine Gerade durch diese beiden Punkte beschreibt.

A	$X = \begin{pmatrix} -7 \\ -4 \end{pmatrix} + t \cdot \begin{pmatrix} 10 \\ -2 \end{pmatrix}$	☐
B	$X = \begin{pmatrix} 10 \\ -2 \end{pmatrix} + t \cdot \begin{pmatrix} -7 \\ -4 \end{pmatrix}$	☐
C	$X = \begin{pmatrix} 3 \\ -6 \end{pmatrix} + s \cdot \begin{pmatrix} 10 \\ -2 \end{pmatrix}$	☐
D	$X = \begin{pmatrix} -7 \\ -4 \end{pmatrix} + t \cdot \begin{pmatrix} 20 \\ -4 \end{pmatrix}$	☐
E	$X = \begin{pmatrix} 23 \\ -10 \end{pmatrix} + t \cdot \begin{pmatrix} 10 \\ -2 \end{pmatrix}$	☐

AG-R 3.4 M **255.** Gegeben ist die Parameterdarstellung $g: X = P + s \cdot \overrightarrow{PQ}$. Gib an, welchen Wert man für s einsetzen muss, um den Mittelpunkt der Strecke PQ zu erhalten.

s = ____________

AG-R 3.4 M **256.** Gegeben ist die Parameterdarstellung $g: X = R + s \cdot \overrightarrow{TR}$. Gib an, welchen Wert man für s einsetzen muss, um den Punkt T zu erhalten.

s = __________

257. Markiere alle Geraden, die zu $g: X = \begin{pmatrix} 3 \\ -5 \end{pmatrix} + t \cdot \begin{pmatrix} 4 \\ -8 \end{pmatrix}$ parallel sind rot und alle Geraden, die auf g normal stehen, blau. Die Summe der rot angemalten Punktkoordinaten sollte gleich groß wie die Summe der blau angemalten Punktkoordinaten sein.

$X = \begin{pmatrix} 0 \\ 3 \end{pmatrix} + t \cdot \begin{pmatrix} 2 \\ -4 \end{pmatrix}$ $X = \begin{pmatrix} 7 \\ -6 \end{pmatrix} + t \cdot \begin{pmatrix} 8 \\ 4 \end{pmatrix}$ $X = \begin{pmatrix} -4 \\ 5 \end{pmatrix} + t \cdot \begin{pmatrix} -12 \\ 24 \end{pmatrix}$ $X = \begin{pmatrix} 1 \\ 4 \end{pmatrix} + t \cdot \begin{pmatrix} 7 \\ 9 \end{pmatrix}$ $X = \begin{pmatrix} 6 \\ -10 \end{pmatrix} + t \cdot \begin{pmatrix} 3 \\ -5 \end{pmatrix}$

$X = \begin{pmatrix} -2 \\ 3 \end{pmatrix} + t \cdot \begin{pmatrix} -16 \\ -32 \end{pmatrix}$ $X = \begin{pmatrix} 2 \\ 3 \end{pmatrix} + t \cdot \begin{pmatrix} -4 \\ -2 \end{pmatrix}$ $X = \begin{pmatrix} 1 \\ 6 \end{pmatrix} + t \cdot \begin{pmatrix} -16 \\ 8 \end{pmatrix}$ $X = \begin{pmatrix} -1 \\ 12 \end{pmatrix} + t \cdot \begin{pmatrix} -80 \\ -40 \end{pmatrix}$ $X = \begin{pmatrix} 12 \\ 1 \end{pmatrix} + t \cdot \begin{pmatrix} -40 \\ 80 \end{pmatrix}$

Zusammenhänge der Geradengleichungen

AG-R 3.4 M **258.** Gegeben ist die Steigung $k = -\frac{2}{3}$ und ein Punkt R(−4 | 3) einer Geraden. Stelle die Gleichung der Geraden in Parameterdarstellung auf.

AG-R 3.4 M **259.** Gib an, welche der gegebenen Darstellungen dieselbe Gerade beschreiben.

1	$3x - 4y = 8$		A	$X = \begin{pmatrix} -4 \\ -5 \end{pmatrix} + s \cdot \begin{pmatrix} -9 \\ 6 \end{pmatrix}$	
2	$y = -4x + 5$		B	$X = \begin{pmatrix} -1 \\ 5 \end{pmatrix} + s \cdot \begin{pmatrix} 1 \\ -4 \end{pmatrix}$	
3	$24x + 6y = 6$		C	$X = \begin{pmatrix} 2 \\ -3 \end{pmatrix} + s \cdot \begin{pmatrix} 4 \\ -16 \end{pmatrix}$	
4	$y = 3x + 2$		D	$X = \begin{pmatrix} -4 \\ -5 \end{pmatrix} + s \cdot \begin{pmatrix} -9 \\ 6 \end{pmatrix}$	
			E	$X = \begin{pmatrix} 0 \\ -2 \end{pmatrix} + s \cdot \begin{pmatrix} 4 \\ 3 \end{pmatrix}$	
			F	$X = \begin{pmatrix} -4 \\ -10 \end{pmatrix} + s \cdot \begin{pmatrix} 3 \\ 9 \end{pmatrix}$	

AG-R 3.4 **M** **260.** Gegeben ist die Geradengleichung g: $-4x + 2y = 16$. Kreuze die zutreffende(n) Aussage(n) an.

A	$\begin{pmatrix} -4 \\ 2 \end{pmatrix}$ ist ein Richtungsvektor der Geraden.	☐
B	$\begin{pmatrix} 1 \\ 2 \end{pmatrix}$ ist ein Richtungsvektor der Geraden.	☐
C	$X = \begin{pmatrix} 0 \\ 8 \end{pmatrix} + t \cdot \begin{pmatrix} 2 \\ 4 \end{pmatrix}$ ist eine Parameterdarstellung von g.	☐
D	$y = -2x + 8$ beschreibt dieselbe Gerade wie g.	☐
E	$X = \begin{pmatrix} 1 \\ 10 \end{pmatrix} + t \cdot \begin{pmatrix} 1 \\ 2 \end{pmatrix}$ ist eine Parameterdarstellung von g.	☐

AG-R 3.4 **M** **261.** Gib eine zu der Geraden $y = -3x + 4$ normale Gerade in Parameterdarstellung an, die durch den Punkt $Z(-4 \mid 12)$ geht.

13.2 Lagebeziehung und Schnittwinkel zweier Geraden

AG-R 3.4 **M** **262.** Gegeben sind die Geraden g: $X = \begin{pmatrix} 3 \\ 2 \end{pmatrix} + t \cdot \begin{pmatrix} -3 \\ 2 \end{pmatrix}$ und h: $X = \begin{pmatrix} -3 \\ 6 \end{pmatrix} + s \cdot \begin{pmatrix} 12 \\ -8 \end{pmatrix}$.
Wähle die jeweils richtigen Ausdrücke, damit der Satz mathematisch korrekt ist:
Die Geraden g und h _____(1)_____, weil _____(2)_____.

(1)		(2)	
schneiden einander.	☐	der Richtungsvektor von g zum Richtungsvektor von h normal ist.	☐
sind parallel.	☐	die Richtungsvektoren der beiden Geraden g und h parallel sind und der Punkt $(3 \mid 2)$ auch auf h liegt.	☐
sind ident.	☐	die beiden Richtungsvektoren nicht parallel sind.	☐

263. Gib Parameterdarstellungen der beiden eingezeichneten Geraden an (als Punkte sollten ganzzahlige Punkte abgelesen werden) und berechne den Schnittpunkt und den Schnittwinkel der beiden Geraden. Überprüfe dein Ergebnis anhand der Zeichnung.

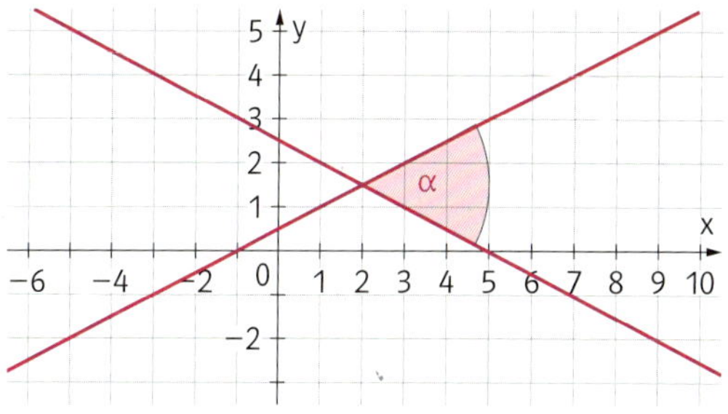

13.3 Normalvektorform einer Geraden

Bestimmen einer Normalvektordarstellung

AG-R 3.4 M **264.** Gegeben ist die Geradengleichung $\begin{pmatrix}-3\\4\end{pmatrix} \cdot X = \begin{pmatrix}-3\\4\end{pmatrix} \cdot \begin{pmatrix}1\\6\end{pmatrix}$. Kreuze die zutreffenden Aussagen an.

A	$\begin{pmatrix}-3\\4\end{pmatrix}$ ist ein Richtungsvektor der Geraden.	☐
B	Den Vektor $\begin{pmatrix}1\\6\end{pmatrix}$ darf man beliebig erweitern und kürzen.	☐
C	Die Gleichung $-3x + 4y = 21$ beschreibt dieselbe Gerade.	☐
D	Den Vektor $\begin{pmatrix}-3\\4\end{pmatrix}$ kann man beliebig erweitern und kürzen.	☐
E	$\begin{pmatrix}4\\3\end{pmatrix}$ ist ein Normalvektor der Geraden.	☐

AG-R 3.4 M **265.** Welche der angegebenen Geraden steht normal auf $y = -3x + 6$. Kreuze die beiden zutreffenden Antworten an.

A	$\begin{pmatrix}3\\1\end{pmatrix} \cdot X = \begin{pmatrix}3\\1\end{pmatrix} \cdot \begin{pmatrix}-1\\-2\end{pmatrix}$	☐
B	$\begin{pmatrix}1\\-3\end{pmatrix} \cdot X = \begin{pmatrix}1\\-3\end{pmatrix} \cdot \begin{pmatrix}-5\\2\end{pmatrix}$	☐
C	$X = \begin{pmatrix}3\\7\end{pmatrix} + t \cdot \begin{pmatrix}3\\1\end{pmatrix}$	☐
D	$X = \begin{pmatrix}2\\1{,}5\end{pmatrix} + t \cdot \begin{pmatrix}1\\-3\end{pmatrix}$	☐
E	$X = \begin{pmatrix}2\\0\end{pmatrix} + t \cdot \begin{pmatrix}-3\\6\end{pmatrix}$	☐

266. Gib die Geraden in den einzelnen Darstellungsformen an.

Parameterdarstellung	Normalvektorform	Allgemeine Form	Hauptform
$X = \begin{pmatrix}-1\\6\end{pmatrix} + t \cdot \begin{pmatrix}-2\\3\end{pmatrix}$			
			$y = -\frac{2}{3}x - 4$
		$3x - 4y = 8$	
	$\begin{pmatrix}3\\-7\end{pmatrix} \cdot X = \begin{pmatrix}3\\-7\end{pmatrix} \cdot \begin{pmatrix}-2\\-4\end{pmatrix}$		

13.4 Lagebeziehung zweier Geraden in allgemeiner Form

267. Gegeben ist das Viereck ABCD. Stelle die Trägergeraden der Diagonalen des Vierecks in Normalvektorform dar und schneide die beiden Geraden miteinander. A(−1|−1), B(8|−1) C(7|4) D(1|4)
Welcher der gegebenen Schnittpunkte ist der richtige?

☐ (4|2) ☐ (3|2) ☐ (3,8|2) ☐ (2,5|3)

268. Bestimme dic Parameter a, b so, dass die beiden Geraden **(1)** ident **(2)** parallel **(3)** schneidend sind.

a) $2x - 3y = -6$ **(1)** a = ______ b = ______ **(2)** a = ______ b = ______

$ax + 9y = b$ **(3)** a = ______ b = ______

b) $6x - 18y = -9$ **(1)** a = ______ b = ______ **(2)** a = ______ b = ______

$ax + by = 3$ **(3)** a = ______ b = ______

13.5 Anwendungsaufgaben

Abstand eines Punktes zu einer Geraden

269. Gegeben ist die Gerade g: $2x - 3y = 4$.

a) Stelle eine Gerade h in allgemeiner Form auf, die auf g normal steht und durch den Punkt P(−5|4) geht.

b) Schneide die Gerade h mit g. Welchen Schnittpunkt haben die beiden Geraden?

☐ (−4|−3) ☐ (−5|4) ☐ (−4|3) ☐ (−1|−2)

c) Berechne den Abstand von P zu g.

270. Berechne den Abstand der Geraden g: $X = \begin{pmatrix} 2 \\ -1 \end{pmatrix} + t \cdot \begin{pmatrix} 2 \\ 4 \end{pmatrix}$ zum Punkt R(6|2).

Die merkwürdigen Punkte im Dreieck

271. Gegeben ist das unten eingezeichnete Dreieck ABC. Stelle die Eulersche Gerade durch die beiden Punkte H und U auf und zeige, dass der Punkt $R\left(\frac{4}{3}\middle|\frac{5}{3}\right)$ auf der Geraden liegt. Wieso muss dieser Punkt auf der Eulerschen Geraden liegen?

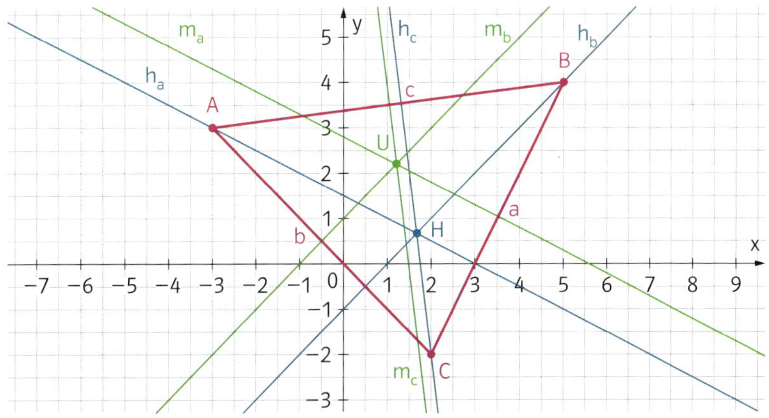

Vernetzung – Typ-2-Aufgaben

Typ 2 **M** **272.** Gegeben sind die Gerade $h: X = \begin{pmatrix} 4,5 \\ 0 \end{pmatrix} + t \cdot \begin{pmatrix} 4,5 \\ 2,5 \end{pmatrix}$ und die Punkte $P_1 = \begin{pmatrix} -4,5 \\ -1,5 \end{pmatrix}$, $P_5 = \begin{pmatrix} -1,5 \\ 1,5 \end{pmatrix}$ und $P_3 = \begin{pmatrix} 1 \\ 4 \end{pmatrix}$.

a) Stelle die Gerade und die Punkte graphisch dar.

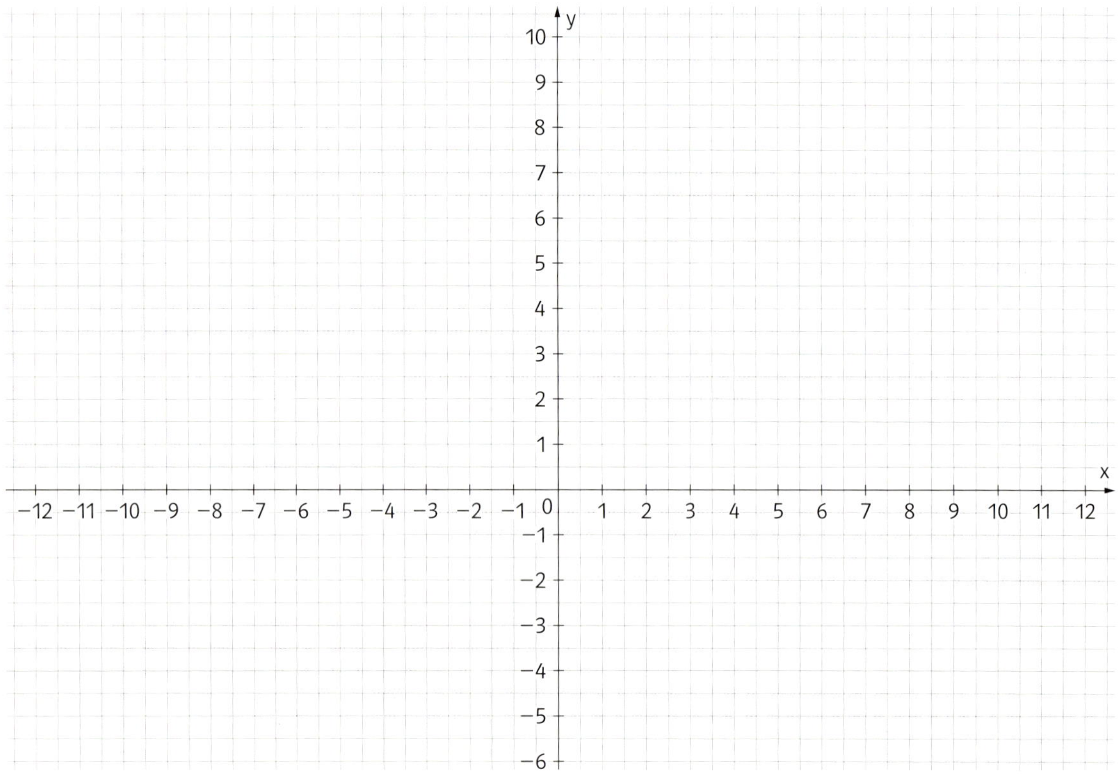

b) Stelle eine Gerade g in Parameterform auf, die durch die Punkte P_1, P_3 und P_5 geht. Begründe, warum der Punkt $P_4 = \begin{pmatrix} 4,5 \\ 0 \end{pmatrix}$ nicht auf dieser Gerade liegen kann.

c) Gegeben ist die Gerade $k: X = \begin{pmatrix} 0 \\ -3 \end{pmatrix} + t \cdot \begin{pmatrix} a \\ 1 \end{pmatrix}$. Wähle $a \in \mathbb{R}$ so, dass k parallel zu h ist.

a = ____________

d) Pappos von Alexandria, ein berühmter Mathematiker aus dem antiken Griechenland, behauptete: „ Liegen 6 Punkte P_1, P_2, P_3, P_4, P_5 und P_6 abwechselnd auf zwei Geraden g, h, so liegen die Punkte P_7, P_8 und P_9 auf einer Gerade."
Betrachte die Abbildung und erkläre, wie man die Gerade u erstellt. Berechne den Punkt P_8, wenn $P_6 = (4,5 \mid 0)$, $P_2 = (0 \mid -2,5)$ und $P_4 = (-4,5 \mid -5)$ ist. Entnehme P_1, P_3 und P_5 aus der Angabe.

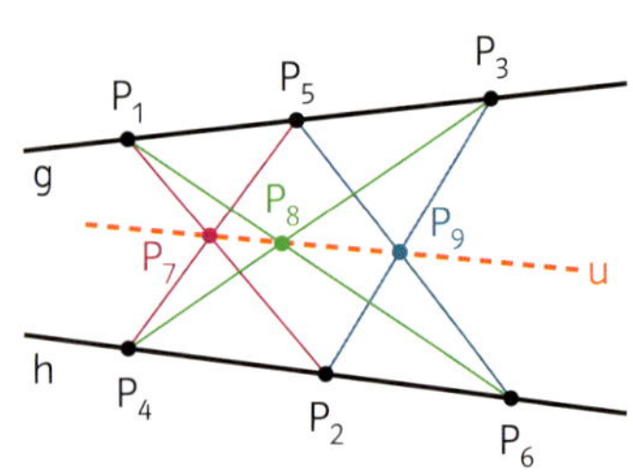

Jahresstoff-Check

AG-R 1.1 M **273.** Kreuze an, welche Zahlen in der jeweiligen Zahlenmenge liegen.

	$\mathbb{N}$	$\mathbb{Z}$	$\mathbb{Q}$	$\mathbb{R} \setminus \mathbb{Q}$	$\mathbb{R}$
$0{,}0023 \cdot 10^{11}$					
$\sqrt{\sqrt{49}}$					
$5{,}12\dot{7}$					
$\sqrt{1024}$					
$\frac{2+\frac{3}{2}:5}{1-\frac{4}{7}}$					

← **Ich kenne die grundlegenden Zahlenmengen und deren Eigenschaften.**

AG-R 1.1 M **274.** Zwischen 8:00 und 10:00 hat sich die Temperatur um 15 % erhöht, zwischen 10:00 und 13:00 ist sie um 24 % gestiegen. Ermittle, um wie viel Prozent die Temperatur zwischen 8:00 und 13:00 gestiegen ist.

Die Temperatur ist um ________ % gestiegen.

← **Ich kenne Grundtechniken der Prozentrechnung und kann diese anwenden.**

AG-R 1.2 M **275.** Gegeben ist die Oberflächenformel $O = r_1^2\pi + r_2^2\pi + (r_1 + r_2)\pi s$ zur Berechnung der Oberfläche eines Verkehrshütchens (Kegelstumpf). Kreuze die zutreffenden Aussagen an.

← **Ich kann Termstrukturen erkennen.**

A	π ist eine Variable.	☐
B	Jede Variable ist ein Term.	☐
C	$r_1^2\pi + r_2^2\pi + (r_1 + r_2)\pi s$ ist ein Term.	☐
D	$r_1^2\pi + r_2^2\pi + (r_1 + r_2)\pi s$ ist äquivalent zu $r_1^2\pi + r_2^2\pi + r_1\pi + r_2\pi s$.	☐
E	s ist ein Term.	☐

AG-R 1.2 M **276.** Gegeben sind vier Terme. Ordne jeden Term einen passenden äquivalenten Term zu.

← **Ich kann Terme umformen.**

1	$(3x^5y^7)^3$	
2	$12x^9 - 12x^7y^3 + 3x^5y^6$	
3	$3a^2 \cdot (a^2 - 25)$	
4	$(2x - y^3)^2$	

A	$(a + 5) \cdot (3a^2 - 15a^2)$
B	$27x^{15}y^{21}$
C	$4x^2 - 4xy^3 + y^6$
D	$3x^5y^7 \cdot (3x^3y^3)$
E	$\frac{2a}{2a^2 + 10a}$
F	$3x^5 \cdot (2x^2 - y^3)^2$

AG-R 2.1 M **277.** Eine Kerze ist um 7 Uhr h cm hoch. Sie brennt gleichmäßig ab mit einem stündlichen Höhenverlust von d cm. Interpretiere den Term $h - 3 \cdot d$.

← **Ich kann Terme interpretieren.**

AG-R 2.1 M **278.** Zwei Arbeiter A und B sollen einen Sandhaufen von x kg abtragen. A schafft jede Stunde a kg, B bringt es auf b kg stündlich. Interpretiere den Term $\frac{x}{a+b}$.

← **Ich kann Terme interpretieren.**

AG-R 1.2 **M** **279.** Ordne jeder Gleichung eine äquivalente Gleichung zu.

1	$x^2 - 2x = 0$		A	$x = 20$
2	$0{,}125x = 5$		B	$x^2 = -2x$
3	$5(2{,}4x - 1) = 0$		C	$x = 40$
4	$\frac{8x}{4} = \frac{80}{2}$		D	$(x-2)x = 0$
			E	$12x = 5$
			F	$12x = 50$

← Ich kenne Äquivalenzumformungen und kann diese anwenden.

AG-R 2.1 **M** **280.** Gegeben ist die Gleichung $f = \frac{(a+b) \cdot c}{d-e}$. Forme die Gleichung so um, dass nur b auf einer Seite steht.

b = ______

← Ich kenne Äquivalenzumformungen und kann diese anwenden.

AG-R 2.2 **M** **281.** Die Summe dreier benachbarter ungerader Zahlen ist 237. Stelle die Gleichung auf, berechne die Zahlen und nenne die Zahl mit der höchsten Ziffernsumme.

Die Zahl mit der höchsten Ziffernsumme lautet: ______

← Ich kann lineare Gleichungen aufstellen und lösen.

AG-R 2.5 **M** **282.** Löse das lineare Gleichungssystem $\begin{cases} 3x + y = 330 \\ 2x + 5y = 740 \end{cases}$.

x = ______ y = ______

← Ich kann lineare Gleichungssysteme in zwei Variablen lösen.

AG-R 2.5 **M** **283.** Im Supermarkt bekommt man Tiersticker zu jedem Einkauf. Alle Kinder tauschen eifrig Aufkleber. Susi schenkt Antonia drei Sticker. Nun haben beide Freundinnen gleich viele Aufkleber im Album. Wenn Antonia Susi allerdings drei Tierbilder gibt, hat Susi dreimal so viele Aufkleber wie Antonia. Stelle ein Gleichungssystem auf und berechne die Anzahl der Aufkleber.

Susi hat ______ Sticker und Antonia ______.

← Ich kann lineare Gleichungssysteme in zwei Variablen aufstellen.

AG-R 2.3 **M** **284.** Korrigiere die Rechnung und erläutere, wie der Fehler zustande kam.

$x^2 - 61x + 60 = 0$

$x_{1,2} = -30{,}5 \pm \sqrt{930{,}25 - 60}$ ______

$x_{1,2} = -30{,}5 \pm \sqrt{870{,}25}$ ______

$x_{1,2} = -30{,}5 \pm 29{,}5$ ______

$x_1 = -60 \quad x_2 = -1$ ______

← Ich kann lineare Gleichungssysteme in zwei Variablen lösen.

AG-R 2.3 **M** **285.** Eine quadratische Gleichung lautet $x^2 - 11x + c = 0$. Wähle $c \in \mathbb{R}$ so, dass die Lösungen der Gleichung $x_1 = 2$ und $x_2 = 9$ lauten.

c = ______

← Ich kann quadratische Gleichungen in einer Variablen lösen.

AG-R 2.3 **M** **286.** Eine quadratische Gleichung lautet $x^2 - 7x - 44 = 0$. Gib die beiden Lösungen an.

x_1 = ______ x_2 = ______

← Ich kann quadratische Gleichungen in einer Variablen lösen.

AG-R 2.3 **M** **287.** Der Bauer Huber besitzt ein großes, quadratisches Getreidefeld. Dem Bauer Müller gehört das Nachbarfeld. Es ist 330 m^2 kleiner, die eine Seite ist aber 12 m länger. Die andere Seite des Feldes ist 15 m kürzer als das benachbarte Feld. Berechne die Seitenlänge von Bauer Hubers Feld.

Ich kann quadratische Gleichungen aufstellen.

FA-R 1.2 **M** **288.** Interpretiere die gesuchte Formel als Funktion und gib den passenden Funktionstyp an.

a) Einem Rechteck mit den Seitenlängen a = 7 und der Seitenlänge b wird sein Umfang U zugeordnet.

$U(b) = 2b + 14$ ________________

b) Jedem halbkreisförmigen Flächenstück mit dem Radius r wird sein Umfang zugeordnet

$U(r) = r\pi$ ________________

Ich kenne den Funktionsbegriff und verstehe ihn.

FA-R 1.4 **M** **289.** Die Erlösfunktion E einer Jeans-Produktion gibt an, wie viel Euro man mit dem Verkauf von x Jeans verdient. Die Kostenfunktion K gibt an, wie hoch die Kosten (in Euro) sind, die bei der Produktion von x Jeans entstehen. Sei $K(x) = 20x + 10\,000$ und $E(x) = 50x$ (x: Anzahl der verkauften Jeans). Zeichne die Graphen der Funktionen in das Koordinatensystem.

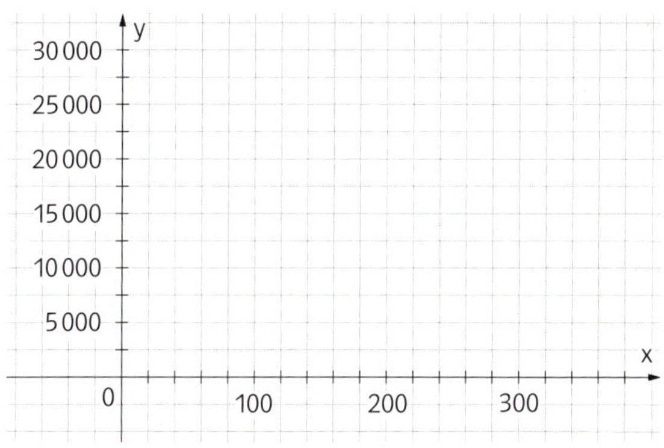

Ich kann den Graphen einer linearen Funktion zeichnen.

FA-R 1.6 **M** **290.** Die Erlösfunktion $E(x) = 35{,}9x$ einer Lampen-Produktion gibt an, wie viel Euro man mit dem Verkauf von x Lampen verdient. Die Kostenfunktion $K(x) = 17x + 4150$ gibt an, wie hoch die Kosten (in Euro) sind, die bei der Produktion von x Lampen entstehen. Bestimme rechnerisch den „Break Even-Point". Das ist jene Anzahl von Lampen, die verkauft werden müssen, damit die Einnahmen und die Kosten der Produktion sich die Waage halten.

„Break Even-Point": ________________

Ich kann den Schnittpunkt zweier linearer Funktionen mithilfe einer linearen Gleichung bestimmen.

FA-R 1.3 **M** **291.** Eine Mietwagenfirma berechnet für die ersten zwei Tage eine Miete von 80 Euro pro Tag.
Ab dem dritten Tag berechnet sie jeden Tag um 10 Euro weniger, aber nie weniger als 60 Euro pro Tag. Die Funktionsgleichung, die die Gesamtmietgebühr für die ersten vier Tage in Abhängigkeit von der Anzahl der Miettage beschreibt, ist graphisch dargestellt (nächste Seite). Erstelle eine passende Wertetabelle für die ersten sieben Tage.

Ich kann zwischen Darstellungsarten von Funktionen wechseln.

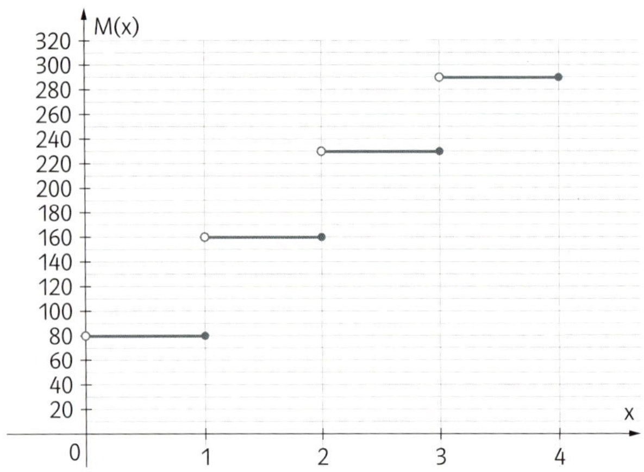

FA-R 3.1 **M** **292.** Kreuze alle Aussagen an, die auf den Graphen einer quadratischen Funktion der Form $f(x) = a x^2 + 1$; $a \in \mathbb{R} \setminus \{0\}$ zutreffen.

A	$a < 0$: keine Nullstelle	☐
B	$a > 0$: einen Tiefpunkt	☐
C	kann genau eine Nullstelle haben	☐
D	geht immer durch den Punkt $P = (0 \mid 1)$	☐
E	ist symmetrisch zur y-Achse	☐

Ich kenne den Einfluss der Parameter a, m und n auf den Graphen der Funktion f mit $f(x) = a(x - m)^2 + n$

AG-R 4.1 **M** **293.** Die Talstation einer Seilbahn befindet sich 800 m über dem Meeresspiegel, die Bergstation liegt 1400 m über dem Meeresspiegel. Die direkte Verbindungsstrecke zwischen der Berg- und der Talstation hat eine Länge von 1300 m.
Ermittle den Steigungswinkel α der direkten Verbindungsstrecke zwischen der Berg- und der Talstation.

$\alpha =$ ____________

Ich kann Vermessungsaufgaben mittels Winkelfunktionen lösen.

AG-R 4.1 **M** **294.** Welche der Aussagen sind für das abgebildete Dreieck zutreffend? Kreuze die beiden richtigen Aussagen an.

A	$\tan(\alpha) = \frac{48}{20}$	☐
B	$\cos(\gamma) = \frac{5}{13}$	☐
C	$\sin(\gamma) = \frac{48}{52}$	☐
D	$\cos(\alpha) = \frac{12}{5}$	☐
E	$\sin(\alpha) = \frac{20}{52}$	☐

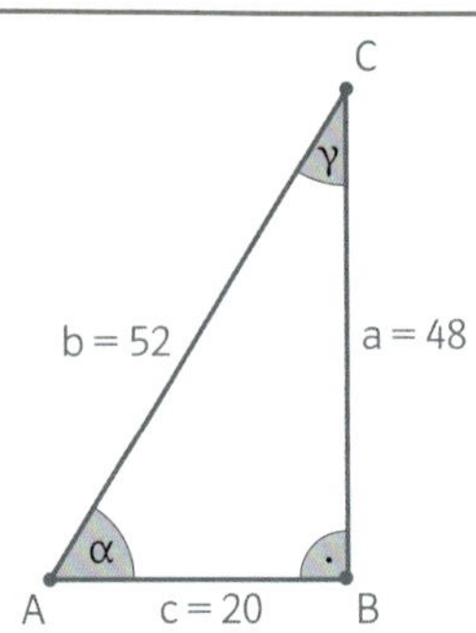

Ich kann den Sinus-, Cosinus- und Tangenswert für spitze Winkel angeben.

AG-R 4.2 **M** **295.** Zeichne im Einheitskreis alle Winkel α aus [0°, 360] ein, für die $\sin(\alpha) < 0$ und $\cos(\alpha) > 0$ gilt.

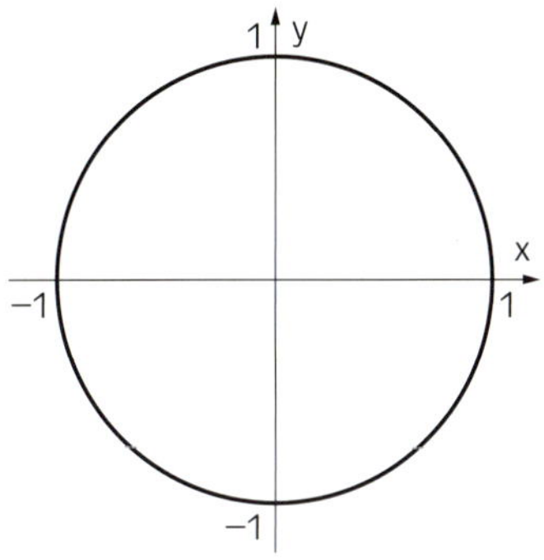

Ich kann den Sinus, Cosinus und Tangens eines Winkels am Einheitskreis darstellen.

AG-R 4.2 **M** **296.** Gib an, für welche Winkel $0 < \sin(\alpha) < 1$ gilt. Kreuze die beiden zutreffenden Aussagen an.

spitze Winkel	180° < α < 360°	gestreckte Winkel	erhabene Winkel	0° < α < 180°
☐	☐	☐	☐	☐

Ich kann die entsprechenden Winkelmaße zu den Werten von Winkelfunktionen bestimmen.

AG-R 3.2 **M** **297.** Stelle den Vektor (–1 | 3) als Punkt und durch drei Pfeile dar.

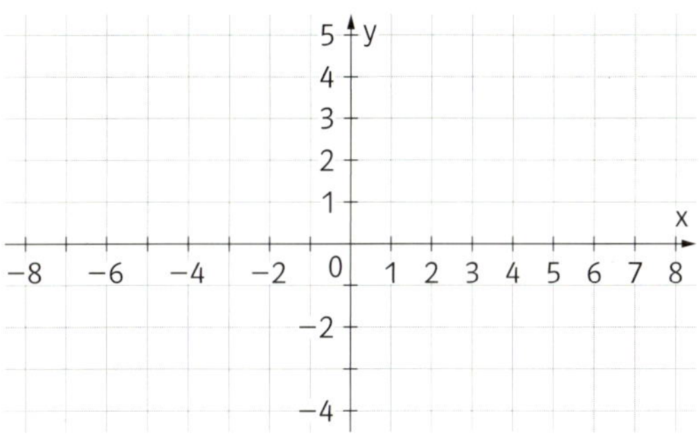

Ich kann Vektoren darstellen.

AG-R 3.3 **M** **298.** Auf einem Körper wirken zwei Kräfte $\vec{F}_1$ und $\vec{F}_2$. Ermittle grafisch und überprüfe durch Rechnung die Gesamtkraft als Summe der beiden Kräfte $\vec{F}_1$ und $\vec{F}_2$. (1 Kästchen entspricht 1 N)

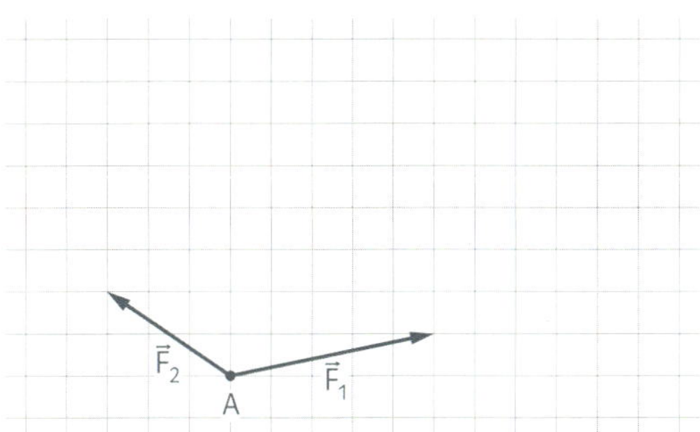

Ich kann Vektoren graphisch und rechnerisch addieren.

AG-R 3.1 **M** **299.** In einer Spielwarenfabrik werden fünf verschiedene Spielfiguren A, B, C, D und E produziert. Der Preisvektor P gibt die Preise der Figuren (in Euro), der Verkaufsvektor die Anzahlen der monatlich verkauften Stücke an (beides in alphabethischer Reihenfolge). Im Februar 2017 war P = (3,60 | 2,70 | 1,50 | 4,00 | 3,20) und V = (2 500 | 750 | 1 544 | 980 | 3 000). Gib an, wie viel Figuren der Variante C im Februar verkauft wurden und wie viel eine solche Figur kostet.

Ich kann Anwendungsaufgaben mithilfe von Vektoren lösen.

AG-R 3.5 **M** **300.** Betrachte die Abbildung und kreuze die zutreffende(n) Aussage(n) an.

A	$\overrightarrow{CD}\cdot\overrightarrow{EF}=0$	☐
B	$\overrightarrow{GH}\cdot\overrightarrow{BJ}=0$	☐
C	$\overrightarrow{AB}\cdot\overrightarrow{CI}=0$	☐
D	$\overrightarrow{HJ}\cdot\overrightarrow{EI}=0$	☐
E	$\overrightarrow{AB}\cdot\overrightarrow{GH}=0$	☐

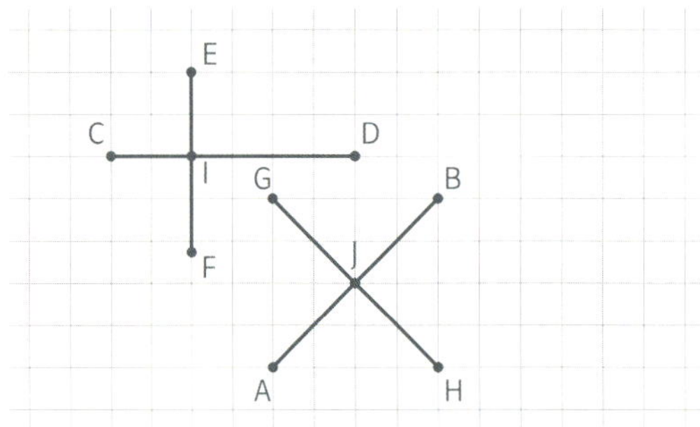

Ich kann die Skalarmultiplikation geometrisch interpretieren.

AG-R 3.4 **M** **301.** Gegeben sind die Geraden g: $X=\begin{pmatrix}3\\2\end{pmatrix}+t\cdot\begin{pmatrix}-3\\2\end{pmatrix}$ und h: $-2x-3y=-12$.
Wähle die jeweils richtigen Ausdrücke, damit der Satz mathematisch korrekt ist:

Die Geraden g und h ______(1)______, weil ______(2)______.

1		2	
stehen normal aufeinander	☐	der Richtungsvektor von g zum Richtungsvektor von h normal ist.	☐
sind parallel	☐	die Richtungsvektoren der beiden Geraden g und h parallel sind und der Punkt von g auch auf h liegt.	☐
sind ident	☐	der Punkt P(3 | 2) auf beiden Geraden g und h liegt	☐

Ich kann die Lagebeziehung zweier Geraden bestimmen.

AG-R 3.4 **M** **302.** Gegeben ist die Gerade g: $X=\begin{pmatrix}1\\-3\end{pmatrix}+t\cdot\begin{pmatrix}-3\\1\end{pmatrix}$. Gib eine zu g parallele Gerade durch H(2 | 1) in allgemeiner Form an. ______

Ich kann aus Bedingungen eine Gerade in allgemeiner Form aufstellen.

AG-R 3.4 **M** **303.** Welche der gegebenen Gleichungen beschreiben dieselbe Gerade?

1	$X=\begin{pmatrix}-3\\4\end{pmatrix}+s\cdot\begin{pmatrix}-2\\-3\end{pmatrix}$
2	$X=\begin{pmatrix}-1\\5\end{pmatrix}+s\cdot\begin{pmatrix}-3\\2\end{pmatrix}$
3	$X=\begin{pmatrix}7\\4\end{pmatrix}+s\cdot\begin{pmatrix}-2\\3\end{pmatrix}$
4	$X=\begin{pmatrix}8\\9\end{pmatrix}+s\cdot\begin{pmatrix}-3\\-2\end{pmatrix}$

A	$3x+2y=29$
B	$X=\begin{pmatrix}-25\\21\end{pmatrix}+s\cdot\begin{pmatrix}9\\-6\end{pmatrix}$
C	$y=\frac{2}{3}x+\frac{11}{3}$
D	$X=\begin{pmatrix}-4\\-5\end{pmatrix}+s\cdot\begin{pmatrix}-9\\6\end{pmatrix}$
E	$3x-2y=-4$
F	$-3x+2y=17$

Ich kann Geraden in verschiedene Darstellungen umrechnen.

Unterstufencheck-Check

1. Strecke: Eine Strecke ist eine gerade Linie mit einem Anfangs- und einem Endpunkt. Strahl: Ein Strahl ist eine gerade Linie mit einem Anfangspunkt, aber ohne Endpunkt. Gerade: Eine Gerade ist eine gerade, unbegrenzte Linie (kein Anfangs- oder Endpunkt).

2. a), b)

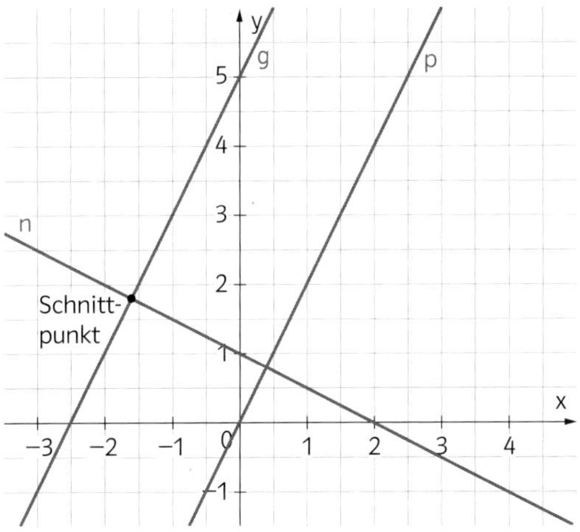

c) S (−1,6 | 1,8)

3.

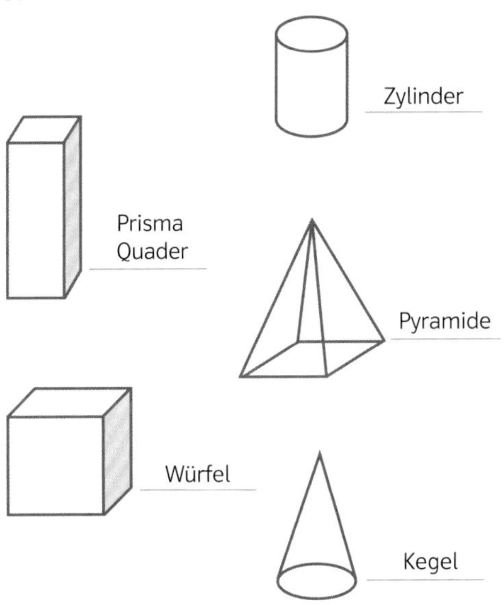

4.

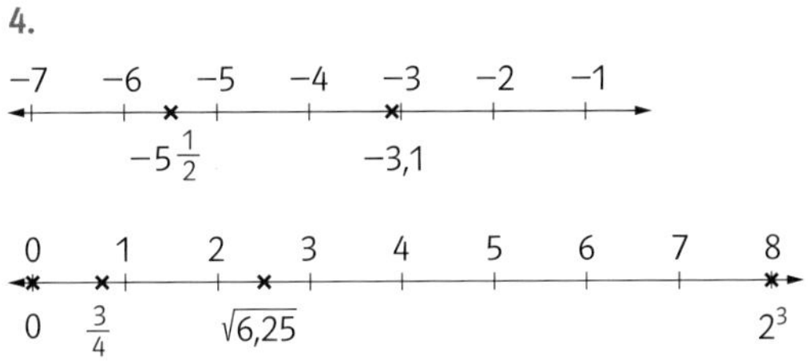

5. 1) $6a+1$; 2) $1{,}5a+0{,}25$; 3) $1{,}5a+0{,}25+3b$; 4) $4{,}5a+0{,}75+9b$; 5) $4{,}5a+0{,}75+5b$; 6) $0{,}9a+0{,}15+b$; Der neue Term lautet: $\frac{9}{10}a+\frac{10}{10}b+\frac{15}{100}$

6. 7,40 cm = h; 33,67 cm = U; 50,25 cm² = A; 7,05 cm = g

7. a) $(x-6)^2$; b) $c^2-10c+25$; c) $9z^2-f^2$; d) $16+8b+b^2$; e) $(3-h)^2$; f) $(5n-v)(5n+v)$

8.

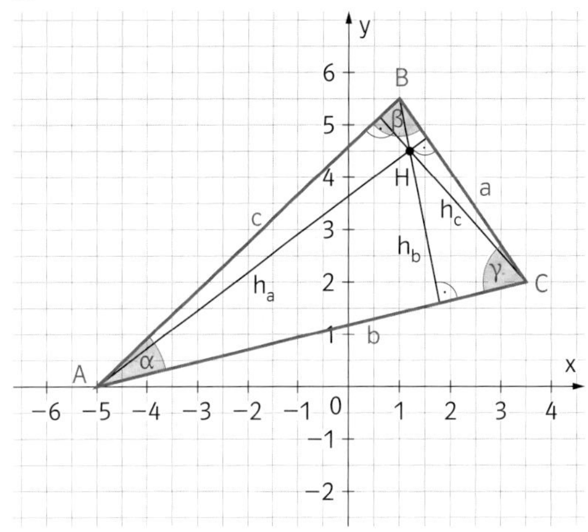

a) spitzwinklig; b) $\alpha=29°$, c) spitz, d) H(1,2 | 4,5), e) 180°

9. a) 10 m = 10 000 mm = 0,01 km = 100 dm = 1 000 cm; b) 6 dag = 0,06 kg = 60 g = 0,00006 t; c) 0,4 m² = 4 000 cm² = 0,0000004 km² = 0,00004 ha; d) 500 dm³ = 0,5 m³ = 500 l; e) 59 h = 2,458 d = 3 540 min = 212 400 sek

10. A

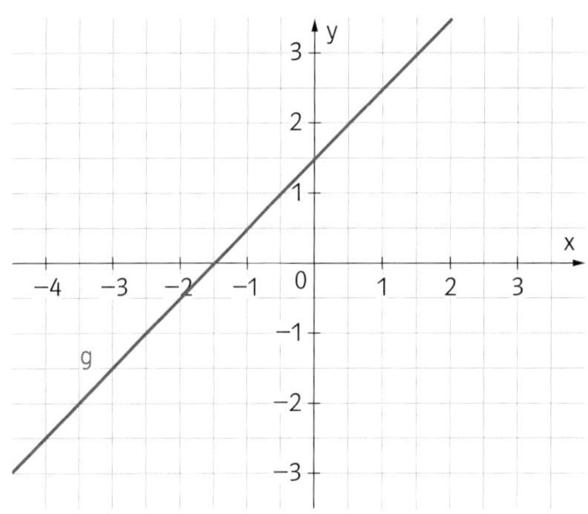

11. Lösungswort: SÜSSGRÄSER; a) $\frac{1}{5}$; b) $9\frac{11}{18}$; c) $2\frac{7}{12}$; d) $4\frac{1}{3}$; e) $\frac{2}{9}$; f) $-1\frac{2}{15}$; g) $6\frac{11}{42}$; h) $3\frac{1}{10}$;

12. 1B, 2D, 3F, 4E, 5G, 6C, 7H, 8A

13. a) L = {5; 6}; b) L = {1; 2}; c) L = {0}; d) L = {0; 1; 2; 3; 4; 5; 6; 7; 8; 9; 10};

14. A, D

15. a) 5^7; b) $7^0+7=8$; c) 6^4; d) 8^6g^2; e) 3^2; f) $\frac{9^4}{s^2}$; g) 10^4; h) 4^{15f}; i) $6{,}25z^6w^2$; j) -6^3; k) $\frac{v^4}{25k^2}$; l) $-\frac{p^5}{3^5}$

16. 1C, 2D, 3E, 4A

17. a) Der Bauer hat zwei Hühner, mehr als Kühe. b) Der Bauer hat dreimal so viele Hühner wie Kühe.

18. a) 0,5; b) $\frac{1}{4}$; 25 %; c) $\frac{1}{8}$; 12,5 %; d) 0,75; 75 %; e) $\frac{1}{100}$; 0,01

19. a) 8 cm; b) 4 dm; c) 300 000 mm = 300 m; d) 1 : 100; e) 310 m

20.

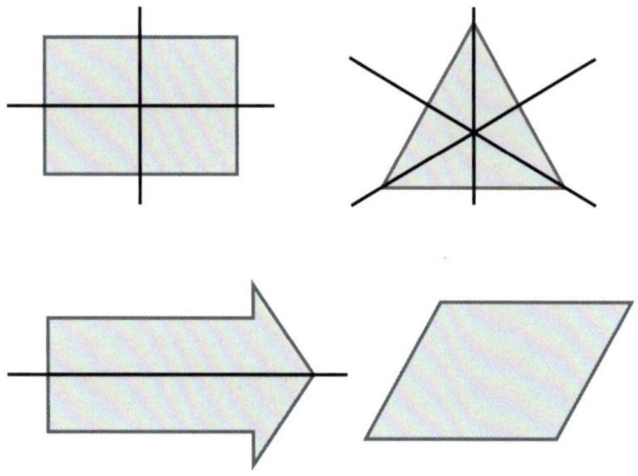

21. 1C; 2B, 3G, 4F, 5D, 6E, 7A; 8H

1 Zahlen und Zahlenmengen

22. a) $\mathbb{N}_u$: 13; $\sqrt{9}$; 1, 35; 9; b) $\mathbb{P}$: 37; 59; 23; 41; 5;
c) $\mathbb{Z}$: −4; 9; 22; 11; 0; −5; 88

23. A, B, C, E

24. a) $A = \{0; 1; 2; 3; 4; 5; 6; 7; 8; 9\}$; $A = \{x \in \mathbb{N} \setminus 0 \leq x \leq 9\}$;
b) $B = \{4; 5; 6; 7; 8; 9; 10\}$; $B = \{x \in \mathbb{N} \setminus 4 \leq x \leq 10\}$;

25. a) Die Menge der Schüler, die eine Wassersportart gewählt haben
b) Die Menge der Schülerinnen und die Jugendlichen, die eine Wassersportart gewählt haben
c) Die Menge der Schülerinnen und Schüler, die keine Wassersportart gewählt haben
d) Die Menge der Schülerinnen

26. $\mathbb{N}$: $\sqrt[3]{8}$; 123; $\mathbb{Z}$: –; $\mathbb{Q}$: 2,74; $\frac{2}{9}$; $7,\overline{12}$; $0,0\dot{4}$; $\mathbb{R}$: π; $\sqrt{5}$; $\sqrt{\frac{2}{3}}$

27. A, D, E

28. $\{x \in \mathbb{R} \setminus -3 < x \leq 8\}$; $[1; 5]$; $\{x \in \mathbb{R} \setminus x \leq 0\}$; $(7; \infty)$

29. a) $G \cdot 0{,}726$; b) $0{,}274 \cdot G$; c) $G = 1{,}043 \cdot H$;
d) $G = 0{,}957 \cdot H$; e) $0{,}87 \cdot 1{,}0203 \cdot G$; f) $0{,}95^3 \cdot G$

30. a) 180 €; b) 1640 €

31. $4{,}562013 \cdot 10^2$; $5{,}01 \cdot 10^{-3}$; $1{,}231814 \cdot 10^4$; 130 500 000; 0,00000072; 0,000000000024001

32. a) 230 870 000; b) 0,0000045; c) 3,56;
d) 56 903

33. a) $(42)_{10}$; b) $(166)_{10}$; c) $(91)_{10}$

34. a) 101100100; b) 10110111;
c) 11001010; d) 1111100111

35. a) Eine binäre Uhr besteht aus drei Zeilen mit je sechs Kästchen. Jede Spalte entspricht einer Stelle im Binärsystem (z. B. steht die erste Spalte rechts für $2^0 = 1$). Die Kästchen leuchten, wenn sich die Uhrzeit aus ihnen zusammensetzt. z. B. Bei 13:00 leuchten in der ersten Zeile die Kästchen für 2^3; 2^2 und 2^0.

b)

Stunden	□	□	■	■	■	□
Minuten	■	■	■	□	□	□
Sekunden	■	□	■	■	■	■

36. a) 34,9; b) 0,16

37. a) zwischen 12,025 cm und 12,035 cm;
b) zwischen 8,195 kg und 8,205 kg;
c) zwischen 1,2675 m² und 1,5375 m²

38. a) A, E; b) (1) $190\,380 \cdot 10^{-12}$ m; (2) $39{,}8 \cdot 10^{-6}$ m;
c) $4{,}3 \cdot 10^1$ mm; d) $7{,}2 \cdot 10^{-5}$ km/h; e) $\approx 7{,}467 \cdot 10^9$ t

2 Terme

39. a) 7; b) nicht definiert; c) 13,2

40. B, C, D, E

41. a) $\mathbb{R}$ b) $\mathbb{R} \setminus \{-1\}$ c) $\mathbb{R}$ d) $[0; \infty)$

42. a) $\mathbb{R} \setminus \{-1; 1; 2\}$ b) $\mathbb{R} \setminus \{-4; -2; 3\}$
c) $[-8; \infty)$ d) $[-1; 1]$

43. a) x^{16}; b) y^{7n+3}; c) y^{11}; d) z^{5n+29};
e) $72a^{25}$; f) x^{33}

44. 1C, 2B, 3E, 4A

45. a) $4x^2 + 36xy + 81y^2$; b) $49a^{10} + 28a^5b^2 + 4b^4$;
c) $x^6 - 4x^3y + 4y^2$; d) $s^{12} - 25t^6$

46. a) $(x^2 + 3y)^2 = x^4 + 6x^2y + 9y^2$;
b) $(3ab^2 - a^5b)^2 = 9a^2b^4 - 6a^6b^3 + a^{10}b^2$;
c) $(4a^2 - 3b^3)^2 = 16a^4 - 24a^2b^3 + 9b^6$;
d) $(2x^3 + 5y) \cdot (2x^3 - 5y) = 4x^6 - 25y^2$

47. a) $3xy^3 \cdot (8x^6y^2 - 5xy^3 + 4)$; b) $(3x^3 - 5z^2)^2$;
c) $3a^2b^4 \cdot (a + 6b)^2$

48. a) $\frac{2x}{3}$; b) $\frac{2x + 3y}{5}$; c) $\frac{x^4 + 1}{2}$

49.

·	$(3a^4b^5)^4$	$(2a^{n+3}b)^5$
$5ab^6$	$405a^{17}b^{26}$	$160a^{5n+16}b^{11}$
$a^{2n+3}b^{n-2}$	$81a^{2n+19}b^{n+18}$	$32a^{7n+18}b^{n+3}$
$1 - (ab^2)^5$	$81a^{16}b^{20} - 81a^{21}b^{30}$	$32a^{5n+15}b^5 - 32a^{5n+20}b^{15}$
$a^3 - ab^2$	$81a^{19}b^{20} - 81a^{17}b^{22}$	$32a^{5n+18}b^5 - 32a^{5n+16}b^7$

·	$5a^3b^7 + 2a^4$	$a^2b - ab^2$
$5ab^6$	$25a^4b^{13} + 10a^5b^6$	$5a^3b^7 - 5a^2b^8$
$a^{2n+3}b^{n-2}$	$5a^{2n+6}b^{n+5} + 2a^{2n+7}b^{n-2}$	$a^{2n+5}b^{n-1} - a^{2n+4}b^n$
$1 - (ab^2)^5$	$5a^3b^7 + 2a^4 - 5a^8b^{17} - 2a^9b^{10}$	$a^2b - ab^2 - a^7b^{11} + a^6b^{12}$
$a^3 - ab^2$	$5a^6b^7 + 2a^7 - 5a^4b^9 - 2a^5b^2$	$a^5b - a^4b^2 - a^3b^3 + a^2b^4$

50. a) $T_1(t)$ ist für $t = 3$ nicht definiert, $T_2(t)$ schon.
b) $T_2(s)$ kann negativ sein, $T_1(s)$ nicht.

51. a) $2b + 3$; b) $\left(\frac{u}{2}\right)^2 - 7$; c) $\left(\frac{u}{2} - 7\right)^2$;
d) $0{,}872 \cdot 3z$; e) $0{,}0412y^2$

52.

Kontext	Interpretation
Ein rechteckiges Feld mit Länge l und Breite b (in Meter) wird eingezäunt. Ein Meter Zaun kostet p Euro.	$2 \cdot (l + b) \cdot p$ bezeichnet die Materialkosten für den Zaun.
In einem Stall stehen p Pferde und k Kühe. Jedes Pferd frisst täglich u kg Heu, jede Kuh frisst täglich w kg Heu. Der Landwirt hat einen Heuvorrat von V kg.	$p \cdot u$ bedeutet die von den Pferden täglich verbrauchte Heumenge (in kg). $p \cdot u + k \cdot w$ bedeutet die von allen Tieren zusammen täglich verbrauchte Heumenge. $5 \cdot k \cdot w$ bedeutet die in 5 Tagen von den Kühen verbrauchte Heumenge. $\frac{V}{p \cdot u + k \cdot w}$ bedeutet die Zeit (in Tagen), die alle Tiere zusammen mit dem Heuvorrat auskommen.
Eine m Jahre alte Mutter hat eine t Jahre alte Tochter und einen s Jahre alten Sohn.	$\lvert s - t \rvert$ bedeutet den Altersunterschied zwischen den beiden Kindern. $m - t$ bedeutet das Alter, in dem die Mutter ihre Tochter geboren hat.

53.

Von den Endpunkten einer s km langen Strecke fahren PKWs A und B mit konstanten Geschwindigkeiten v_A km/h bzw. v_B km/h einander entgegen.	$2 \cdot v_A$ bedeutet die von A nach 2 Stunden zurückgelegte Strecke (in km). $\frac{s}{v_B}$ bedeutet die Zeit (in h), die B für das Durchfahren der gesamten Strecke braucht. $\frac{s}{v_A + v_B}$ bedeutet die Zeit (in h), die bis zur Begegnung der beiden PKWs vergeht.
Um einen a m langen und b m breiten Pool soll ein d m breiter Weg mit quadratischen Fliesen mit A m² Flächeninhalt gepflastert werden. Eine solche Fliese kostet p Euro.	$(a + 2d) \cdot (b + 2d) - a \cdot b$ bedeutet den Flächeninhalt des Weges (in m²). $\frac{(a + 2d) \cdot (b + 2d) - a \cdot b}{A}$ bedeutet die Anzahl der zur Pflasterung des Weges benötigten Fliesen. $\frac{(a + 2d) \cdot (b + 2d) - a \cdot b}{A} \cdot p$ bedeutet die Materialkosten der zur Pflasterung des Weges benötigten Fliesen.

54. a) A, C, E b) 115,305;
c) Term zur Berechnung des Volumens eines Pyramidenstumpfs mit quadratischer Grundfläche
d) $(b_2 + b_1)h_b + (a_1 + a_2)h_a$

3 Gleichungen und Formeln

55. a) $\frac{-6}{2}$; -3; b) 4; $\frac{12}{3}$; c) $\frac{27}{2}$; 13,5;
d) 8,5; $\frac{34}{4}$; $\frac{17}{2}$; e) -1; $\frac{-5}{5}$; f) $4 : \frac{12}{3}$

56. a) $x \neq 0$; b) $x \neq -9$; c) $x \neq 3$; d) $x \notin \mathbb{R}^-$;
e) $x \geqslant -7$

57.

a)	$4x - 3 = 9$
	$4x - 3 + 2k = 9 + 2k$
	$4x - 3 + 2k - b = 9 + 2k - b$
	$8x - 6 + 4k - 2b = 18 + 4k - 2b$
	$2x - 1{,}5 + k - 0{,}5b = 4{,}5 + k - 0{,}5b$
	$2x - 1{,}5 + k - 0{,}5b - 156 = 4{,}5 + k - 0{,}5b - 156$
	$x - 0{,}75 + 0{,}5k - 0{,}25b - 78 = 2{,}25 + 0{,}5k - 0{,}25b - 78$

b)	$6ax + 6b = 6c$
	$6ax + 6b + 2k = 6c + 2k$
	$6ax + 5b + 2k = 6c + 2k - b$
	$12ax + 10b + 4k = 12c + 4k - 2b$
	$3ax + 2{,}5b + k = 3c + k - 0{,}5b$
	$3ax + 2{,}5b + k - 156 = 3c + k - 0{,}5b - 156$
	$1{,}5ax + 1{,}25b + 0{,}5k - 78 = 1{,}5c + 0{,}5k - 0{,}25b - 78$

58. a) $-12{,}5$; b) 1; c) $-3\frac{1}{6}$

59. a) 9; 0; b) $\frac{27 + 27x}{9}$; $3x + 3$;
c) $(-1) \cdot (-3x + 3)$; $3x$

60. 1E, 2B, 3A, 4C

61. a) $r = \sqrt{\frac{O}{4\pi}}$; b) $G = \frac{3V}{h}$; $h = \frac{3V}{G}$;
c) $p = \frac{h^2}{q}$; $q = \frac{h^2}{p}$; $h = \sqrt{p \cdot q}$;
d) $\frac{M - b \cdot h_b}{a} = h_a$; $\frac{M - a \cdot h_a}{h_b} = b$; $\frac{M - b \cdot h_b}{h_a} = a$

62. a) $a = \frac{\sqrt{6P}}{x} + b$; $b = \frac{-\sqrt{6P}}{x} + a$; $x = \frac{\sqrt{6P}}{a - b}$
b) $b = \frac{fa}{a - f}$; $a = \frac{fb}{b - f}$; $f = \frac{ab}{a + b}$;
c) $b = \frac{O - 2ac}{2(a + c)}$; $a = \frac{O - 2bc}{2(b + c)}$; $c = \frac{O - 2ab}{2(a + b)}$

63. A, C, E

64. C, E

65. $E = \frac{34\,000 \cdot a + 75\,000 \cdot b + x \cdot c}{34\,000 + 75\,000 + x}$

66. $0{,}15b + 0{,}2s + 0{,}3k$

67. $O = ab + 4ac + 4bc$

68. $8ab$

69. B: $G = 0{,}6 \cdot (a + bx)$

70. (i) $u + 237 = w$; (ii) $2u = w$

71. a) $0{,}5a^2\pi - a^2$; b) $a^2 - \frac{a^2\pi}{4}$

72. a) A, B b) $Q = 15\,084$ kJ;
c) ≈ 17,47° C bzw. ≈ 17,47° K;
d) Man ermittelt für die spezifische Wärmekapazität den Wert 0,84. Laut Tabelle entspricht dies der spezifischen Wärmekapazität von Porzellan;
e) Ja, wenn $T_1 > T_2$, also wenn ein Körper abkühlt.

4 Lineare Gleichungen und Gleichungssysteme

73. Lösungswort: KRAFTKLEBER

74. a) −79 b) 50 000 € c) $\gamma = 108°$ d) 4,5

75. $\frac{1}{2}$; $-\frac{4}{2}$

76. $x = -7$

77. a) $y = -\frac{5}{7} + \frac{10}{7}$ b) $y = -4x + 8$
c) $y = \frac{x}{3} + \frac{14}{3}$ d) $y = -80x$

78. a) $3x - y = -15$ b) $-0{,}25x + y = 0{,}5$
c) $0{,}125x + y = 0$ d) $5{,}5x - y = 31$

79. Gleichung: $4x + 3y = 64$; 6 Möglichkeiten: (16 / 0); (13 / 4); (1 / 20); (4 / 16); (7 / 12); (10 / 8)

80. 1C, 2A, 3E, 4D

81. 1) $x = 3$; $y = -5$; 2) $x = 3$; $y = 1$;
3) $x = 5$; $y = 2$; 4) $x = 7{,}75$; $y = -0{,}25$

82. a) $x = 8$; $y = 4$ b) $x = 4$; $y = -3$
c) $x = 3$; $y = -5$ d) $x = 3$; $y = 9$

83. a) $x = 3$; $y = 1$ b) $x = -1$; $y = 3$ c) $x = -2$; $y = 0$
d) $x = 2$; $y = 1$ Lösungswort : HAUSTÜRE

84. Die Gleichungssysteme ___a)___ und ___c)___ haben unendlich viele Lösungen, die anderen beiden Gleichungssysteme haben keine Lösung.

85. 1B, 2C, 3A, 4E

86. keine

87. x: Anzahl blaue Bälle,
y: Anzahl gelbe Bälle
1. Gleichung: $x + y = 70$; 2. Gleichung: $x + \frac{x}{3} = y$;
40 gelbe und 30 blaue Bälle

88. Bänke mit drei Sitzplätzen: 23
Bänke mit fünf Sitzplätzen: 27

89. Z. B.: $6x + y = 50$ oder $12x + 2y = 39$ (mehrere Möglichkeiten)

90. Z. B. $3x - 3y = 3$

91. a) $c = -\frac{10}{3}$ b) $c \neq -\frac{10}{3}$ c) nicht möglich

92. $b = 6$

93. a) $x = \frac{3k}{4}$; $y = \frac{k}{4}$; kaltes Wasser : heißes Wasser = 3 : 1;
b) Die Aussage stimmt nicht. Die Gleichung müsste $-20x + 60y = 0$ lauten (statt Gleichung II);
c) mehrere Möglichkeiten; Gleichung II sollte nur ein Vielfaches von Gleichung I sein. z. B.: $15x + 15y = 15k$,..

94. a) $y = \frac{-ax}{b} + \frac{c}{b}$; b) $a = d$ oder ein Vielfaches von d; $b = e$ oder ein Vielfaches von e; $c \neq f$; $d = a$ oder ein Vielfaches von a; $e = b$ oder ein Vielfaches von b; $f \neq c$;
c) Das Gleichungssystem besitzt genau eine Lösung, da $d \neq a$ oder ein Vielfaches davon und $e \neq b$ und das dazu passende Vielfache ist. $x = \frac{-(c-2f)}{9a}$; $y = \frac{10c - 2f}{9b}$;
d) C

5 Quadratische Gleichungen

95. a) $x_{1,2} = 0$; b) $x_{1,2} = 0$; c) $x_{1,2} = 0$; d) $x_{1,2} = 0$

96. a) $x_1 = 0$, $x_2 = -7$; b) $x_1 = 0$, $x_2 = 4$;
c) $x_1 = 0$, $x_2 = \frac{2}{3}$; d) $x_1 = 0$, $x_2 = -\frac{5}{27}$

97. a) $x_1 = 15$, $x_2 = -15$; b) $x_1 = 6$, $x_2 = -6$;
c) $x_1 = 60$, $x_2 = -60$; d) $x_1 = \sqrt{3}$; $x_2 = -\sqrt{3}$
e) $x_1 = 8$, $x_2 = -8$; f) $x_1 = 45$, $x_2 = -45$;
g) $x_1 = \sqrt{0{,}9375}$ $x_2 = -\sqrt{0{,}9375}$; h) $x_1 = 400$, $x_2 = -400$

98. $x_1 = \frac{6}{d}$; $x_2 = 0$

99. 1C, 2E, 3F, 4B

100. a) $(x - 3)^2 = 4$, $x_1 = 1$; $x_2 = 5$;
b) $(x - 5)^2 = 7$, $x_1 = 5 + \sqrt{7}$; $x_2 = 5 - \sqrt{7}$;
c) $(x - 7)^2 = 101$, $x_1 = 7 + \sqrt{101}$; $x_2 = 7 - \sqrt{101}$;
d) $(x - 2)^2 = 11$, $x_1 = 2 + \sqrt{11}$; $x_2 = 2 - \sqrt{11}$

101. $p = 8$; $x = -4$ oder $p = -8$; $x = 4$

102. $b = 0$ oder $b = 2$

103. zwei Lösungen: **a)**, **c)**, **d)**; eine Lösung: **e)**; keine Lösung: **b)**

104. a) (1) L = { } (2) L = { } (3) L = { }
b) (1) L = {13} (2) L = {−5; 13} (3) L = {−5; 13}
c) (1) L = { } (2) L = { } (3) $L = \left\{-\frac{\sqrt{17}+3}{2}; \frac{\sqrt{17}+3}{2}\right\}$

105. $a = 28$; $b = 18$; $x_{1,2} = 3$ bzw. $x_1 = 3$, $x_2 = -17$

106. $s = 2$

107. Ali; $x_1 = 1$, $x_2 = 4$

108. Lösungswort: NAMIBIA

109. 81 und 82

110. 2 dm

111. D, E

112. $p = 12{,}5\,\%$

113. 7,5 m breit und 45 m lang oder 22,5 m lang und 15 m breit

114. Lösungswort: SAITEN

115. a) $x^2 - 5x + 6 = 0$; $q = 6$, $x_2 = 2$;
b) $x^2 - 4 = 0$; $x_2 = 2$; $p = 0$
c) $x^2 - 4{,}5x + 2 = 0$; $p = -4{,}5$; $x_1 = 0{,}5$;
d) $x^2 - 3x = 0$; $p = -3$; $x_2 = 0$;
e) $x^2 - 3x - 54 = 0$; $q = -54$; $x_1 = 9$;
f) $x^2 - 16 = 0$; $q = -16$; $x_2 = -4$;
Buchstabe: S

116. a) $a_1 = 0{,}5b$, $a_2 = -0{,}25b$ b) $b_1 = -4a$, $b_2 = 2a$

117. a) $\frac{a-x}{x} = \frac{a}{a-x}$
b) $m = x = \frac{1}{2}a(3 - \sqrt{5})$; $M = a - x = \frac{1}{2}a(\sqrt{5} - 1)$;
$a = 1\,m$: $x \approx 0{,}382\,m$; $a - x \approx 0{,}618\,m$
c) A, B, D, E;
d) $b = 2{,}00\,m$, die Rechtecke sind keine „Goldenen Rechtecke". Die Verhältnisse entsprechen nicht dem goldenen Schnitt.

6 Funktionen allgemein

118.

s	f(s)
0	6
0,5	3,75
1	2
1,5	0,75
2	0
2,5	−0,25
3	0
3,5	0,75
4	2

119. Die Familie startet um 10:00. Bis 11 Uhr legt sie 7 km zurück. Dies bedeutet, ihre Geschwindigkeit beträgt 7 km/h. In der nächsten halben Stunde fährt die Familie noch schneller. Sie schafft 6 km in 30 Minuten (Geschwindigkeit 12 km/h). Anschließend macht Familie Hinsch eine Pause. Von 11:30 bis kurz vor 13 Uhr (12:50) rasten alle. Dann fährt die Familie weiter. Bis 13:50 legt sie weitere 7 km zurück. Das bedeutet, ihre Geschwindigkeit ist genauso groß wie beim ersten Abschnitt ihrer Radtour. Um 13:50 hat Familie Hinsch das Ziel ihrer Radtour erreicht. Die Entfernung vom Ausgangspunkt ist nun am größten und beträgt 20 km. Nun fährt die Familie langsam zurück. Bis 16 Uhr schaffen sie 9 km. Von 16:00 bis 17:00 macht die Familie wieder eine Pause. Um 18:10 hat sie wieder den Ausgangspunkt erreicht.

120. **a)**

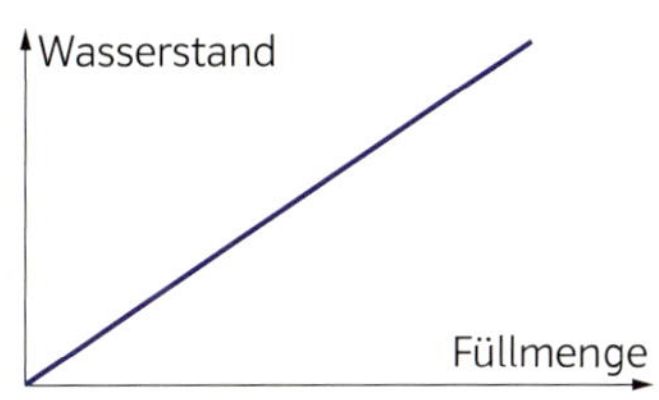

b)

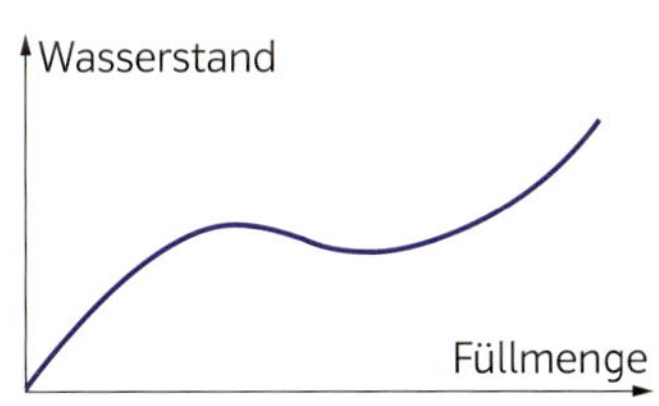

121. F(H) beschreibt die Zuordnung, die der Anzahl der Tage, an welchen ein Hund ein spezielles Halsband trägt, die Anzahl der Flöhe auf dem Hund zuordnet.

122. A; C

123. ja: **a), b), g), h)**; nein: **c), d), e), f)**

124. A; D

125. **a)** Die Anzahl der Besucher um 12:00; **b)** Um 10:30 waren mehr Besucher im Ausstellungsraum als um 15:30; **c)** Um 11:23 waren keine Besucher im Ausstellungsraum; **d)** Um 15 Uhr waren drei Besucher mehr anwesend, als um 13 Uhr; **e)** Um 10 Uhr zählte man doppelt so viele Besucher wie um 9 Uhr.

126. **a)** D = [−7; 0], W = [0; 16]; **b)** D = [−2; 4], W = [−3; 6]

127. **a)** N(Mai) = 345; **b)** N(Mai) − N(April) = 23; **c)** N(Jänner) + N(Februar) + N(März) = 1736; **d)** N(x + 1) = N(x) − 50, x = beliebiges Monat; **e)** N(Dezember) > N(Oktober) + N(November)

128. **a)** Stelle: −2; Funktionswert: 5 oder g(−2); Funktionsbezeichnung: g
b) Stelle: t; Funktionswert: 0 oder f(t); Funktionsbezeichnung: f;
c) Stelle: h; Funktionswert: 88 oder k(h); Funktionsbezeichnung: k;
d) Stelle: 2,5; Funktionswert: y oder G(2,5); Funktionsbezeichnung: G

129. 1C; 2B; 3F; 4D

130.

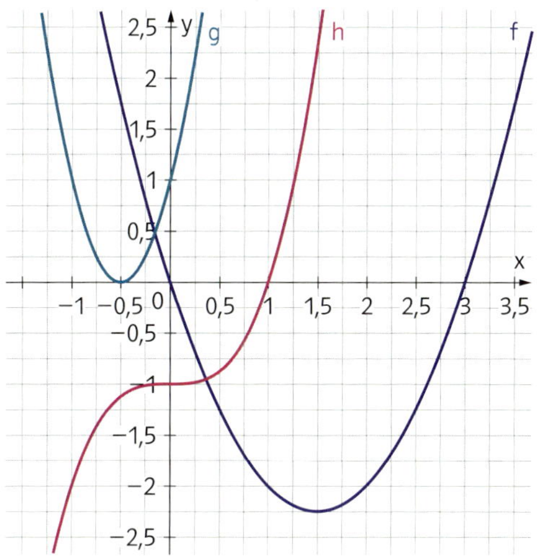

a) (0|0); (3|0); **b)** (−0,5|0); **c)** (1|0)

131. **a)** Im Jahr 2015 musste niemand die 9. Schulstufe wiederholen.
b) 350 Meter von dem nächsten Industriegebiet entfernt wachsen keine Pflanzen, die auf der „Roten Liste" stehen.
c) 25 Minuten nach dem Einkauf ist kein Speiseeis mehr da.

132.

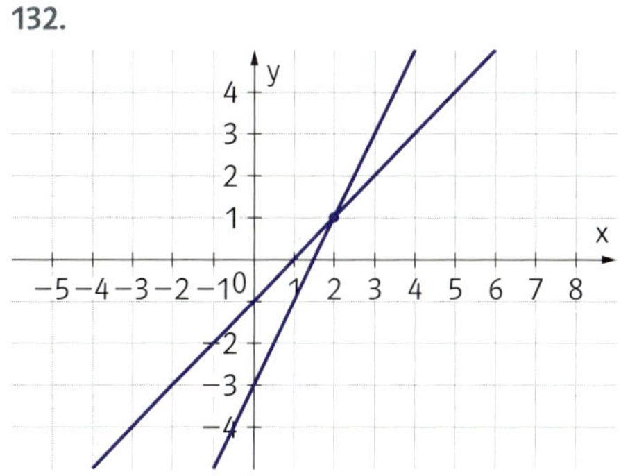

x = 2

133. a)

1)

Menge (kg)	Preis (€)
1	3,90
2	7,80
3	11,70
4	15,60
5	19,50
6	23,40
7	27,30
8	31,20
9	35,10

2)

Menge (kg)	Preis (€)
1	9
2	11
3	13
4	15
5	17
6	19
7	21
8	23
9	25

b)

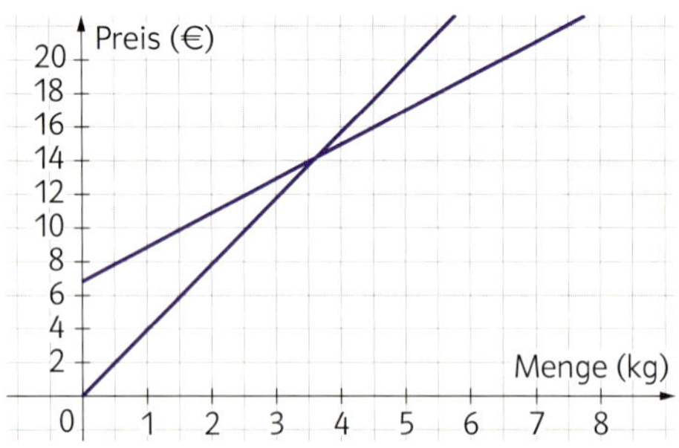

Ab 4 kg lohnt es sich preislich zum Bauern zu fahren.

134. a) 700 Freiminuten

b) 5 Cent pro Minute

c)

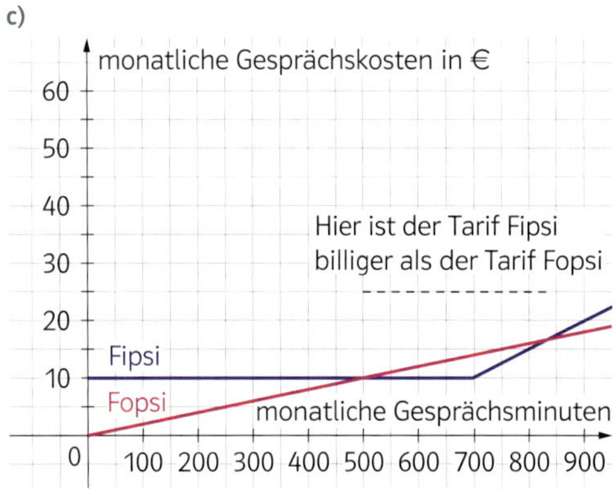

d) D

e) $F(x) = \frac{0,75 \cdot x}{60}$ beschreibt die Gesprächskosten in Abhängigkeit der verbrauchten Sekunden.

135. a) 16 m^3; b) um 25 %; c) Im November;

7 Lineare Funktionen

136. A, B, D, E, F

137. a) $f(x) = -7x + 0,5$ $P_1 = (0,5 \mid -3)$ $P_2 = (-1,5 \mid 11)$ $P_3 = (-0,5 \mid 4)$

b) $f(x) = \frac{1}{5}x + 1$ $P_1 = (5 \mid 2)$ $P_2 = (10 \mid 3)$ $P_3 = (-5 \mid 0)$

c) $f(x) = 3x - 2y = 6$ $P_1 = (9 \mid 10,5)$ $P_2 = (0 \mid -3)$ $P_3 = (0,5 \mid -2,25)$

138. a) lineare Funktion, $f(x) = 2x - 8$;

b) lineare Funktion, $f(x) = -5x + 385$;

c) keine lineare Funktion;

d) lineare Funktion, $f(x) = -x + 0,2$

139. $a(x) = -x - 1$; $b(x) = \frac{1}{6}x$; $c(x) = -3$; $d(x) = 4$; $e(x) = 11x - 5$

140. 1F, 2C, 3E

141. a) fallende Gerade durch den Ursprung;

b) Gerade ist parallel zur x- Achse und oberhalb der x-Achse.

142. Rosa: $G(m) = 55 - 15,50\,m$; Ayse: $G(m) = 280$; Hannes: $G(m) = 20\,m$; Markus: $G(m) = 1,30 + 37,20\,m$

143. a) $x = 6$; $f(x) = -5$ b) $x = -4$; $f(x) = 1$

c) $x = 2$; $f(x) = 0$

144. $L = \{(-3 \mid -5)\}$

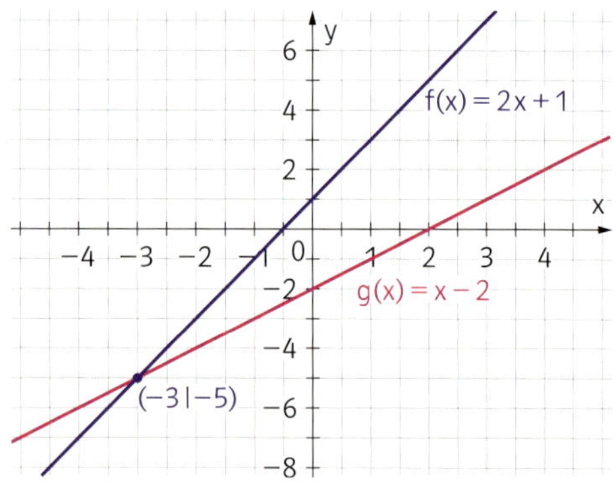

145. z. B.:

a)

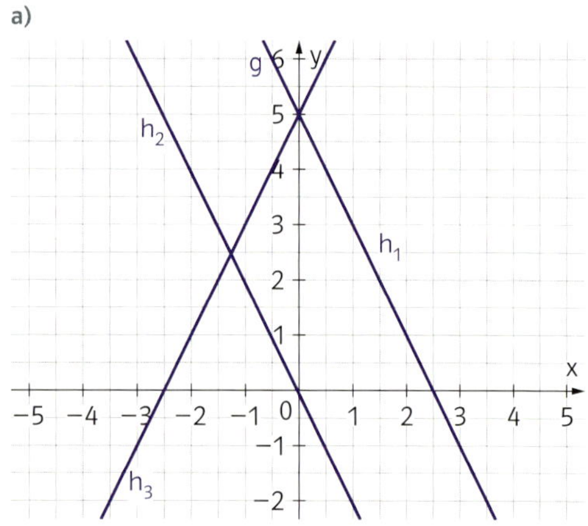

b) $h_1(x) = -2x + 5$; $h_2(x) = -2x$; $h_3(x) = 2x + 5$;

c) $g \cap h_2 = \{\ \}$; $g \cap h_1 = \{g\}$; $g \cap h_3 = \{S\}$

146. a) Außentemperatur: 4 °C; Innentemperatur: 20 °C;

b) $0,4 = k$; Die Temperatur steigt pro cm um 0,4 °C;

c) $T(x) = 0,4x + 4$ x ... Messtiefe in cm;
T(x) Temperatur in °C;

d) Die Steigung würde größer werden.

147. a) Klaus und Andreas starten am selben Ort für einen 10-km-Lauf. Klaus kommt 10 min früher ins Ziel. Klaus läuft mit einer Durchschnittsgeschwindigkeit von ca. 0,3 km/min und Andreas mit ca. 0,2 km/min.

b) Tommy und Johanna starten gleichzeitig. Tommy mit 5 km Vorsprung auf Johanna. Tommy läuft 5 km und Johanna 10 km. Johanna läuft mit ca. 0,25 km/min und Tommy mit ca. 0,1 km/min. Johanna überholt Tommy nach ca. 36 min.

c) Christoph (C) und Brigitte (B) laufen jeweils 10 km. Brigitte startet 5 Minuten nach Christoph. B läuft 25 Minuten und C 30 Minuten ins Ziel. C hat eine Durchschnittsgeschwindigkeit von ca. 0,3 km/min und Brigitte 0,4 km/min.

148. Ja, h(x) beschreibt einen direkt proportionalen Zusammenhang. Die passende lineare Funktionsgleichung wäre: $h(x) = 5x$.

149. a)

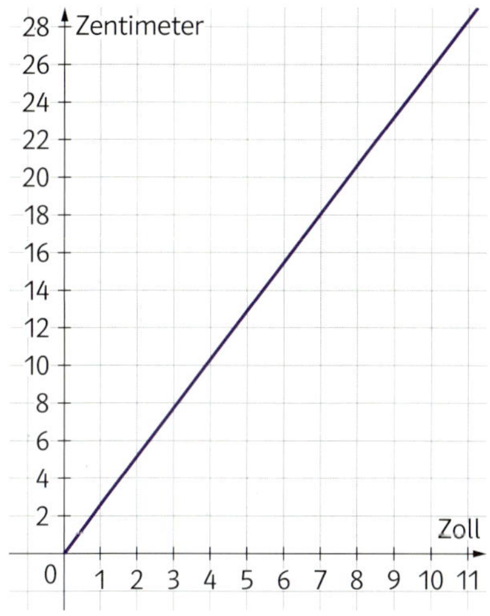

Zoll	Zentimeter
1	2,54
2	5,08
3	7,62
4	10,16
5	12,7
6	15,24
7	17,78
8	20,32
9	22,86
10	25,4

b) Bei Tabellen sind die genauen Werte leicht ablesbar, es sind mehrere Dezimalstellen erkennbar. Diese Darstellungsart ist allerdings nicht so übersichtlich, Tendenzen und Veränderungen kann man auf den ersten Blick schlecht erkennen. Im Vergleich kann man am Graphen die Werte gut veranschaulichen. Die direkte Proportionalität ist so leicht erkennbar. Genaue Werte lassen sich allerdings nicht leicht ablesen.

150. a) Der Zusammenhang ist direkt proportional, weil der Quotient k aus kW-Wert zu PS-Wert bei allen Wertepaaren gleich ist: $k \approx 0{,}735$ (Proportionalitätskonstante). Genauso ist der Quotient aus PS-Wert und kW-Wert konstant.

b) $k \cdot 1{,}36 = PS$

151. a) (1) steigend; (2) $k > 0$;

b) Sonne – Erde: ca. 8,3 min; Lichtgeschwindigkeit: ≈ 3 000 000 km/sek

c) $f(x) = \frac{1}{8{,}3}x \approx 0{,}12048\,x$;

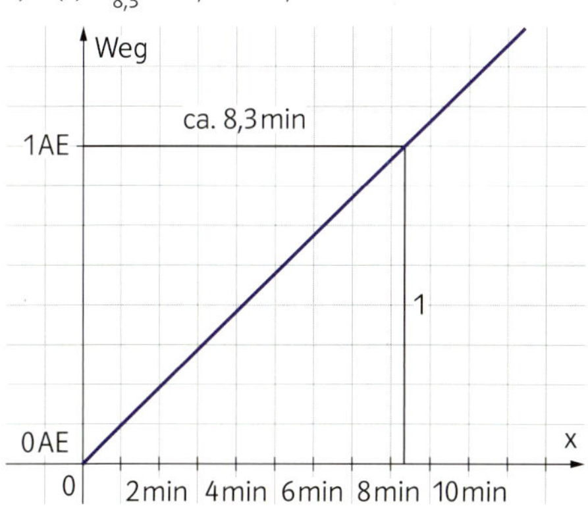

d) $\approx 9{,}5 \cdot 10^{12}$ km

e) $l(p_1 + p_2) = 2{,}063 \cdot 10^5 \cdot (p_1 + p_2) =$
$= 2{,}063 \cdot 10^5 p_1 + 2{,}063 \cdot 10^5 p_2 = l(p_1) + l(p_2)$

Addiert man die Funktionswerte an den Stellen p_1 und p_2, so erhält man den Funktionswert der Stelle $p_1 + p_2$.

8 Nicht lineare Funktionen

152. 1E, 2D, 3C, 4B, 5A, 6F

153.

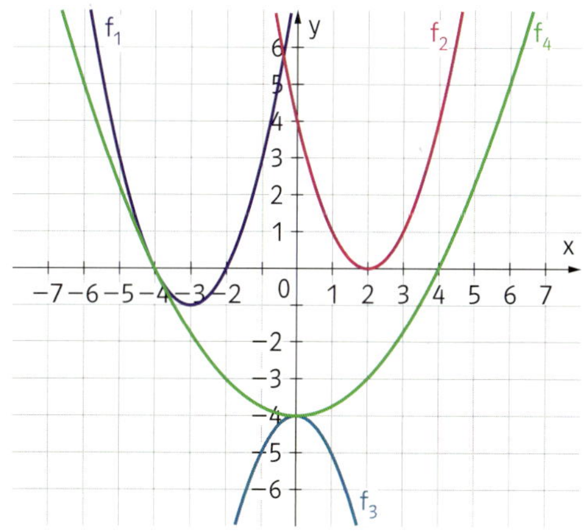

154.

Funktionsgleichung	Öffnung	Symmetrie zur y-Achse	Wertemenge	Lage des Scheitelpunktes
$f(x) = -x^2 - 2$	u	ja	$(-\infty; -2]$	− y-Achse
$f(x) = 2(x-3)^2$	o		$[0; \infty)$	+ x-Achse
$f(x) = -(x+1)^2 - 3$	u		$(-\infty; -3]$	3. Quadrant
$f(x) = -2x^2 + 4$	u	ja	$(-\infty; 4]$	+ y-Achse
$f(x) = 3x^2$	o	ja	$[0; \infty)$	Ursprung
$f(x) = 0{,}5(x+2)^2$	o		$[0; \infty)$	− x-Achse
$f(x) = x^2 - 4x + 4$	o		$[0; \infty)$	+ x-Achse

155. A, B, D

156. B, C, E

157. a) $f(x) = a(x-4)^2$; $a \in \mathbb{R} \setminus \{0\}$

b) $f(x) = a(x-2)(x+4)$; $a \in \mathbb{R} \setminus \{0\}$

c) $f(x) = 2x^2$

d) es gibt keine passende Funktionsgleichung

158. a) 0; b) 2; c) 2; d) 1; e) 2

159. a) $c = 0$; b) $c = \pm 6$; c) $c = -12{,}5$; d) $c \in \mathbb{R}$; e) $c = 4$; f) $c = 0$; Lösungswort: HEARTH

160.

Funktionsgleichung	Scheitelpunkt	Wertemenge	Nullstellen
$f(x) = 2x^2$	(0 | 0)	$W = [0; \infty)$	(0 | 0)
$f(x) = (x+4)^2$	(−4 | 0)	$W = [0; \infty)$	(−4 | 0)
$f(x) = (x-2)(x+2)$	(0 | −4)	$W = [-4; \infty)$	(2 | 0) (−2 | 0)
$f(x) = (x-1)^2 + 3$	(1 | 3)	$W = [3; \infty)$	keine Nullstellen
$f(x) = x^2 + 5$	(0 | 5)	$W = [5; \infty)$	keine Nullstellen
$f(x) = x^2 + 6x + 9$	(−3 | 0)	$W = [0; \infty)$	(−3 | 0)
$f(x) = -4x^2$	(0 | 0)	$W = (-\infty; 0]$	(0 | 0)

161. **a)** $a \approx 31{,}3\,m$; **b)** 8 m; **c)** Das ist die Abwurfhöhe.

162. **a)**

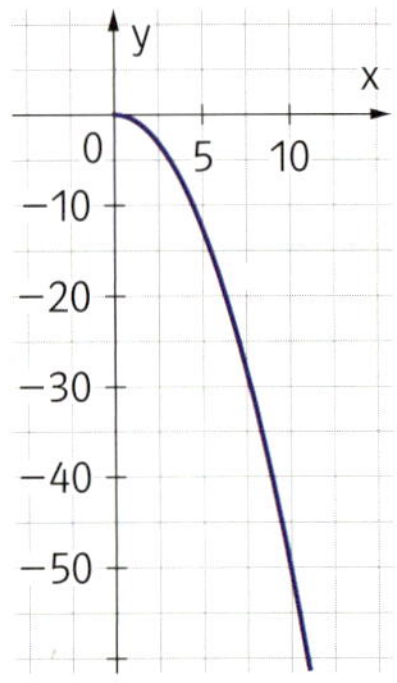

b) 50 m;
c) Man müsste versuchen eine flachere Flugbahn zu erreichen (z. B. mit einem leichteren Stein, mehr Kraft beim Werfen, …)

163. $f(x) = -\frac{5}{x}$; $D = \mathbb{R} \setminus \{0\}$

164.

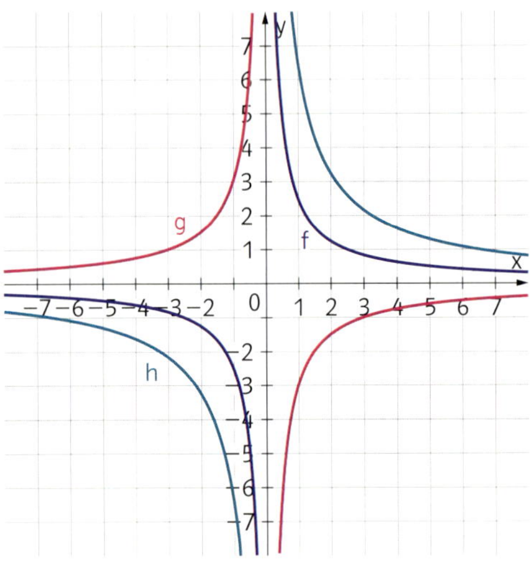

165. 1 D; 2 C; 3 E

166. **a)** direkt proportional; **b)** indirekt proportional

167. **a)** ja; **b)** nein; **c)** ja

168. A, B, C, E

169.

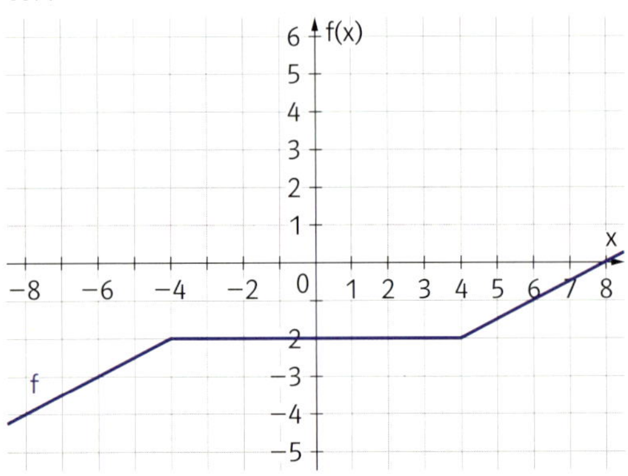

170. $f(x) = \begin{cases} -\frac{4}{3}x - \frac{17}{3} \text{ für } -8 \leq x < -5 \\ 1 \text{ für } -5 \leq x < 3 \\ -2x + 7 \text{ für } 3 \leq x \leq 5 \end{cases}$

171. bei 80 km/h und 100 km/h; es sind zwei Lösungen korrekt, da es sich hierbei um eine quadratische Funktion handelt.

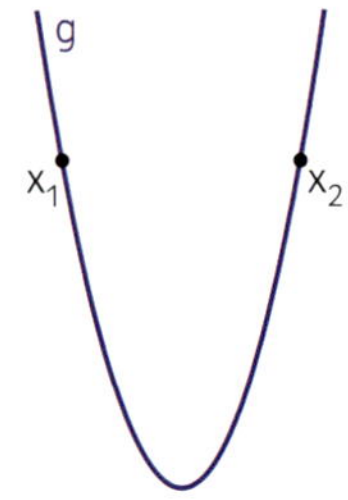

172. **a)** D, E;
b) $K = 0{,}00025\,x^2 + 7{,}5\,x + 50\,000$, x in Hektoliter;
c) Nullstellen: 234 hl und 5 699 Hektoliter;
d) Der maximale Umsatz beträgt 15 000 € (bei 500 Stück), der Preis pro Stück beträgt 30 €;
e) $x_1 = \frac{-b+\sqrt{b^2-4ac}}{2a}$; $x_2 = \frac{-b-\sqrt{b^2-4ac}}{2a}$; $S\left(-\frac{b}{2a}\middle|c-\frac{b^2}{4a}\right)$;
$\left(\frac{-b+\sqrt{b^2-4ac}}{2a} + \frac{-b-\sqrt{b^2-4ac}}{2a}\right) : 2 = -\frac{b}{2a}$; w. A.

9 Trigonometrie im rechtwinkligen Dreieck

173. **a)** $x \approx 6{,}54$; **b)** $x \approx 1{,}74$; **c)** $x \approx 10{,}45$; **d)** $x \approx 102{,}63$

174. **a)** $\alpha = 22{,}6°$, $\beta = 67{,}4°$; **b)** $\alpha = 25{,}06°$, $\beta = 64{,}94°$; **c)** $\alpha = 36{,}87°$, $\beta = 53{,}13°$

175. **a)** (1) 0,8; (2) 0,6; (3) $1{,}\dot{3}$; **b)** (1) 0,8; (2) 0,6; (3) $1{,}\dot{3}$

176. $c = \frac{a}{\tan(\alpha)}$; $y = \frac{\cos(\alpha) \cdot a}{\tan(\alpha)}$

177. A, C, E

178. B, D

179. **a)** Ankathete: 53,24; Gegenkathete: 37,28;
b) Ankathete: 13,09; Hypotenuse: 20,36;
c) Gegenkathete: 70,77; Hypotenuse: 78,08;
d) Ankathete: 12,43; Gegenkathete: 40,64; Lösungswort: WINDHOSE

180. **(1)** Gegenkathete zu Ankathete; **(2)** Tangenswert

181. B, D

182. **a)** $BD = 6{,}78\,cm$; $DC = 7{,}57\,cm$; **b)** $\gamma = 53{,}16°$

183. $a = 6{,}31\,cm$

184. $l = 291{,}21\,m$

185. **a)** $\tan(\alpha) = \frac{p}{100}$; $\arctan\left(\frac{p}{100}\right) = \alpha$;
b) **(1)** 5,71°; **(2)** 2,29°

186. C

187. **a)** Das Motorrad wird aus der Kurve geschleudert.
b) D
c) $\tan(\alpha) = \frac{F}{G} = \frac{\frac{m \cdot v^2}{r}}{m \cdot g} = \frac{v^2}{r \cdot g}$; Die Masse wird aus der Formel heraus gekürzt.
d) $v = 5{,}126\,m/s$
e) $\alpha = 57{,}56°$. Der Wert passt zum entsprechenden Wert im Diagramm. Eine Abweichung könnte bei schlechten Wetterverhältnissen bzw. schlechten Straßenverhältnissen vorkommen.
f) Die Geschwindigkeit würde sich ungefähr versechsfachen.

10 Trigonometrie im allgemeinen Dreieck

188. **a)**

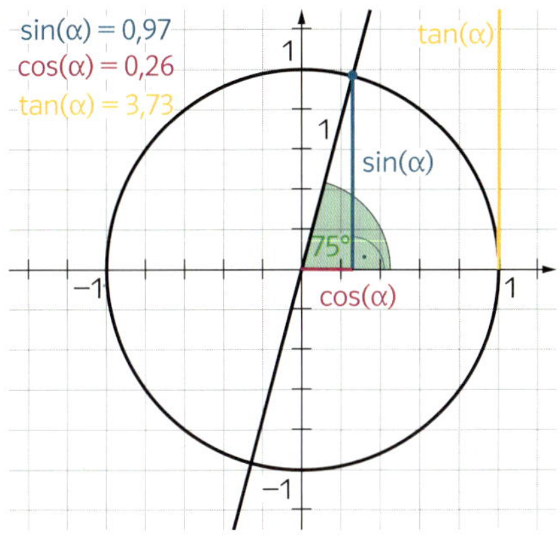

b)

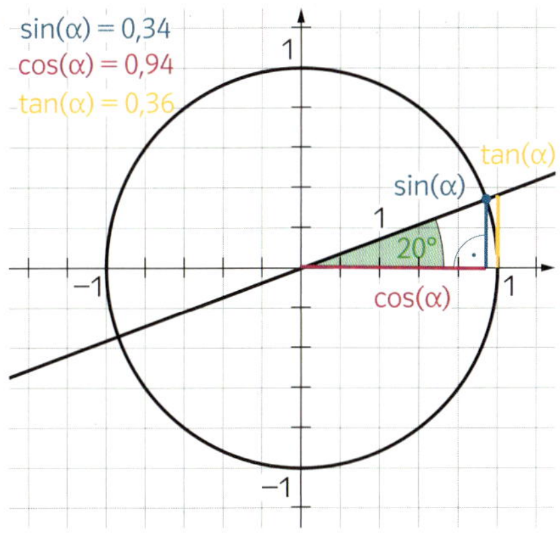

c)

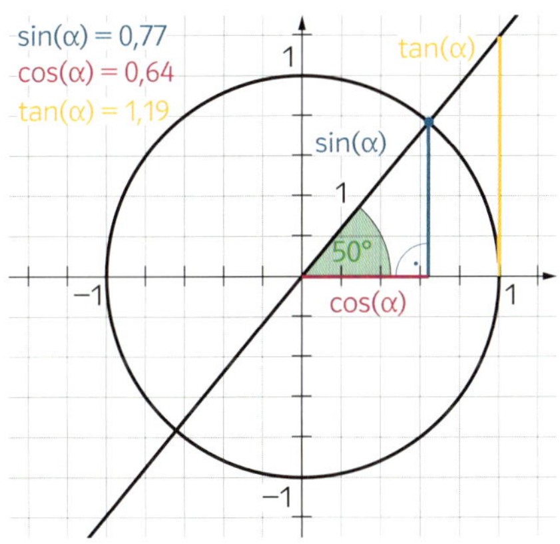

189. **a)**

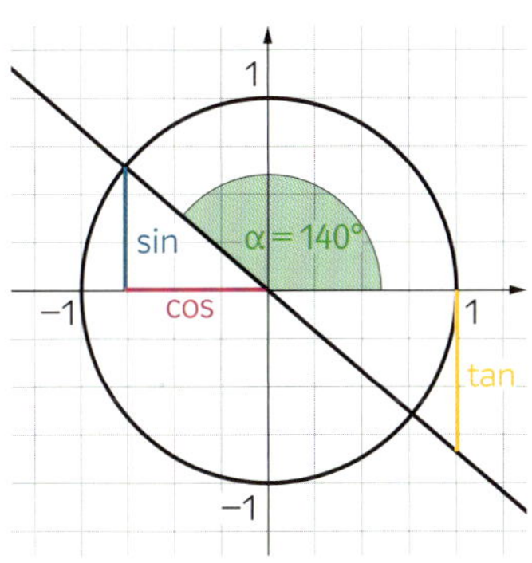

b)

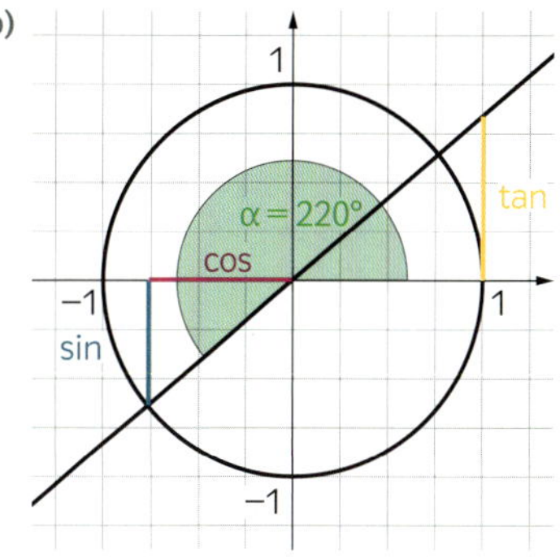

190. **a)** $-\cos(15°)$ **b)** $-\sin(40°)$
c) $-\sin(50°)$ **d)** $\cos(80°)$

191. **a)** 20,73° und 159,27° **b)** 187,07° und 352,93°
c) 97,59° und 262,41° **d)** 28,60° und 331,40°
e) 78,69° und 258,69° **f)** 100,00° und 280,00°

192. B, D

193. **a)** $\sin(\alpha) = 0{,}936$ **b)** $\cos(\alpha) = 0{,}352$

194. Das Dreieck ist nicht eindeutig konstruierbar, weil die dem Winkel β gegenüberliegende Seite b kürzer ist als die Seite a.

$$\frac{\sin(\alpha)}{a} = \frac{\sin(\beta)}{b} \quad | \cdot \underline{a}$$

$$\sin(\alpha) = \frac{\sin(\beta)}{b} \cdot a$$

$$\alpha_1 \approx \underline{75{,}64°} \qquad \alpha = 180° - \alpha_1 \approx \underline{104{,}36°}$$

Dreieck ABC: $\alpha \approx \underline{104{,}36°}$, $\beta = 36°$, $\gamma = 180° - \alpha - \beta \approx \underline{39{,}64°}$

$$\frac{c}{\sin(\gamma)} = \frac{b}{\sin(\beta)} \Leftrightarrow c = \frac{b}{\sin(\beta)} \cdot \sin(\gamma)$$

$$c \approx \underline{5{,}86\,\text{cm}}$$

Dreieck A_1BC: $\alpha_1 \approx \underline{75{,}64°}$, $\beta = 36°$, $\gamma_1 = 180° - \alpha_1 - \beta \approx \underline{68{,}36°}$

$$\frac{c_1}{\sin(\gamma_1)} = \frac{b}{\sin(\beta)} \Leftrightarrow c_1 = \frac{b}{\sin(\beta)} \cdot \sin(\gamma_1)$$

$$c_1 \approx \underline{8{,}54\,\text{cm}}$$

195. $c = 100{,}2\,\text{mm}$; $\beta = 36{,}80°$; $\gamma = 90{,}2°$

196. $\alpha = 40{,}42°$

197. D, E

198. **a)** $A = 125{,}14\,\text{cm}^2$; **b)** $279{,}24\,\text{cm}^2$;
c) $91{,}40\,\text{cm}^2$; **d)** $1019{,}28\,\text{cm}^2$

199. $x = 60{,}2\,\text{m}$

200. $h = 599{,}12\,\text{m}$

201. **a)** (6,40 | 51,34°) **b)** (7,21 | 146,31°)
c) (2,24 | 243,43°)

202. **a)** (2,80 | 4,15) **b)** (−8,09 | 5,88) **c)** (−0,37 | −0,33)

203. **a)** $b = 16{,}85\,\text{dm}$ **b)** A, C, D **c)** C, D, E

d) $\varepsilon_1 = 163{,}48°$; $\varepsilon_2 = 196{,}52°$

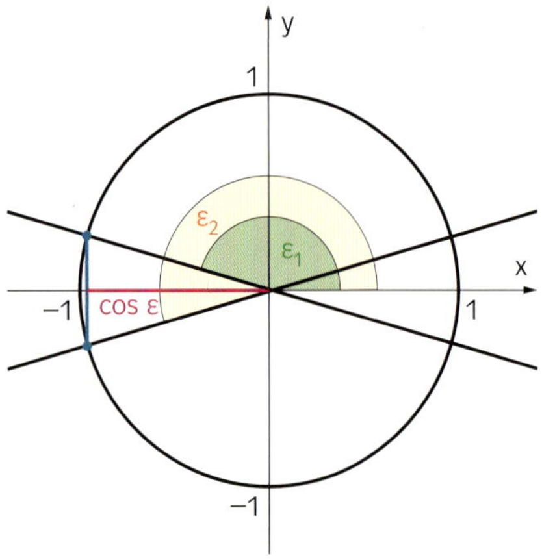

e) Stellt man $\varphi = 45°$ im Einheitskreis dar, erkennt man, dass der Radius, $\cos(\varphi)$ und $\sin(\varphi)$ ein gleichschenkliges, rechtwinkliges Dreieck bilden. Dies ist auch bei 135° der Fall. In beiden Fällen ist $\sin(\varphi) = \cos(\varphi)$.

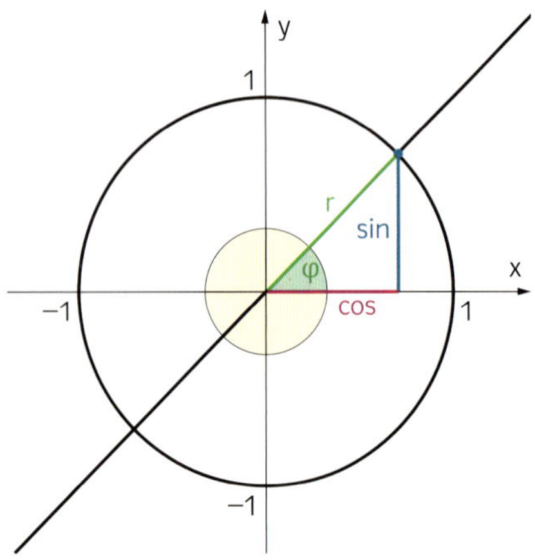

11 Vektoren

204. a) 5A: $\binom{14}{13}$; 5B: $\binom{16}{7}$; 5C: $\binom{3}{22}$; 5D: $\binom{0}{19}$;
b) Buben: (14 | 16 | 3 | 0); Mädchen: (13 | 7 | 22 | 19);
c) Der Vektor gibt die Anzahl der Schülerinnen und Schüler pro Klasse an.
d) 5A: (14 | 11); 5B: (18 | 7); 5C: (1 | 22); 5D: (0 | 21)

205. a) P = (0 | 0,99 | 1,99 | 0,50); Werte in Euro;
b) C + D = (1806 | 14 899 | 23 263 | 52 413), Gesamtzahl der Downloads beider Apps in den ersten vier Monaten;
c) (0 | 0,792 | 1,592 | 0,4) ≈ (0 | 0,79 | 1,59 | 0,4); 80 % der Preise des Spiels in den ersten vier Monaten

206. 55

207. Anzahl der Kinder, die im Kindergarten Mittag essen.

208. Lösungswort: MARIO

209. (3L − R) · P; 21 072

210. 1C, 2E, 3A, 4B

211. z. B.:

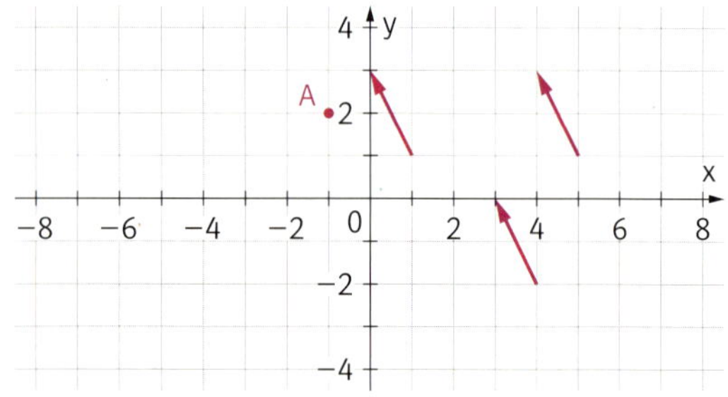

212. a) $\vec{c} = \vec{f} = \binom{3}{1}$, $A = \vec{d} = \vec{g} = \binom{-3}{-1}$ b) $\vec{c}$, $\vec{f}$;
c) nein, der Gegenvektor müsste $\binom{-1}{-3}$ sein.

213. OK

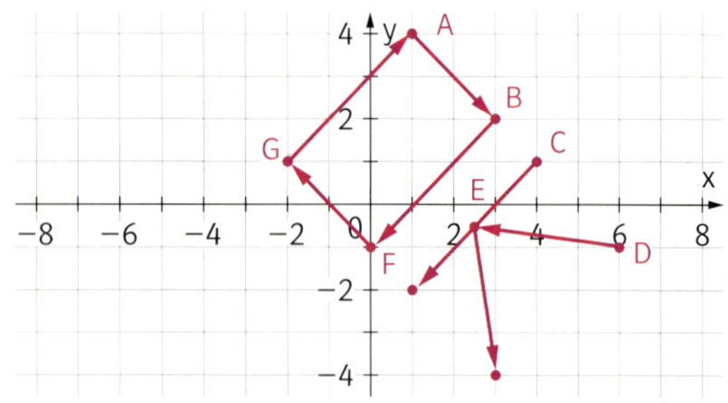

214. A, B, C

215. A = (6 | 1); B = (2 | 3); C = (−4 | 1); D = (0 | −1);
$\overrightarrow{AB} = \binom{-4}{2}$, $\overrightarrow{BC} = \binom{-6}{-2}$, $\overrightarrow{CD} = \binom{4}{-2}$, $\overrightarrow{AD} = \binom{-6}{-2}$,
$\overrightarrow{AC} = \binom{-10}{0}$, $\overrightarrow{BD} = \binom{-2}{-4}$; $\overrightarrow{AD} = \overrightarrow{BC}$

216. a) ja; b) nein

217. $\binom{-5}{3}$; $\binom{3}{-5}$; $\binom{-3}{-5}$

218. $\binom{5}{9}$, $\binom{9}{5}$, $\binom{-5}{-9}$ bzw. $\binom{-1}{7}$, $\binom{7}{1}$, $\binom{7}{-1}$, $\binom{5}{5}$
bzw. $\binom{3}{4}$, $\binom{3}{-4}$ übrig: $\binom{6}{-8}$ $\binom{8}{0}$

219. z = 9

220. B, E

221. A, B, C, D

222. a)

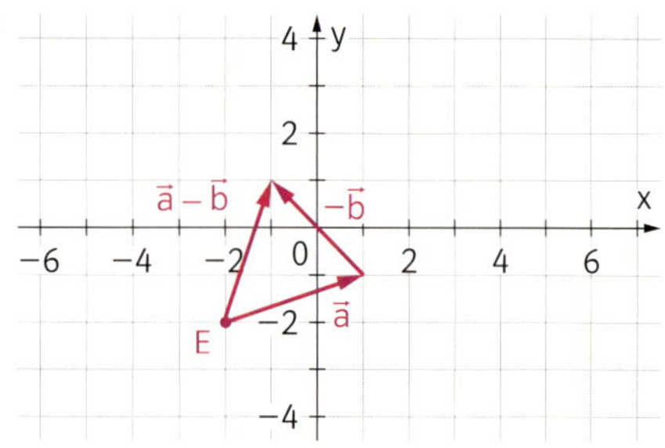

b)

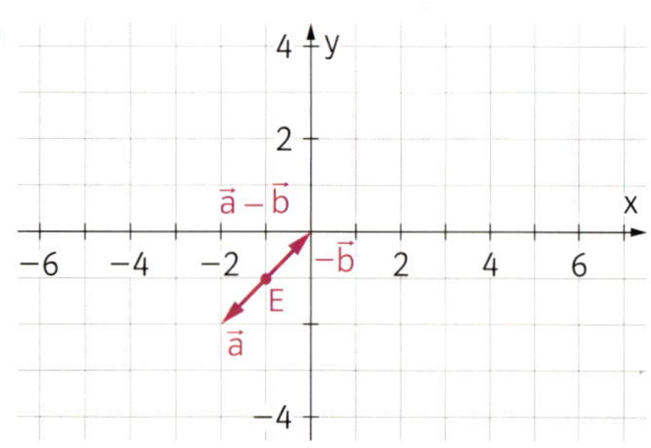

223. a) $(-1|1)$; b) $(0|0)$

224. $\begin{pmatrix}-4\\-3\end{pmatrix}$

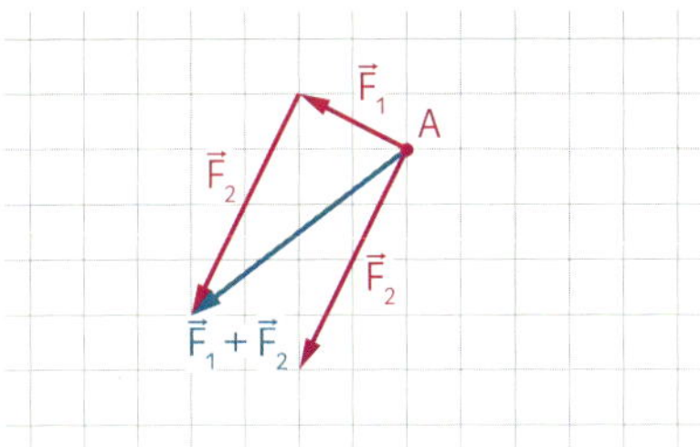

225. $D = (-13|7)$

226. SIMKARTE

227. B

228. $i = -13{,}5$

229. a) 1) V beschreibt den Vektor, der die Anzahl (in Liter pro Sorte) der Eismenge angibt, welche nicht verkauft wurde; 2) Der Vektor R beschreibt die Gesamteinnahmen pro Tag;
b) $V = (6|20|7|8|15|20)$; $R = 930{,}60$ €;
c) V ist ein Vektor (Ergebnis einer Subtraktion von Vektoren); R ist ein Skalarprodukt und damit eine reelle Zahl

230. a)

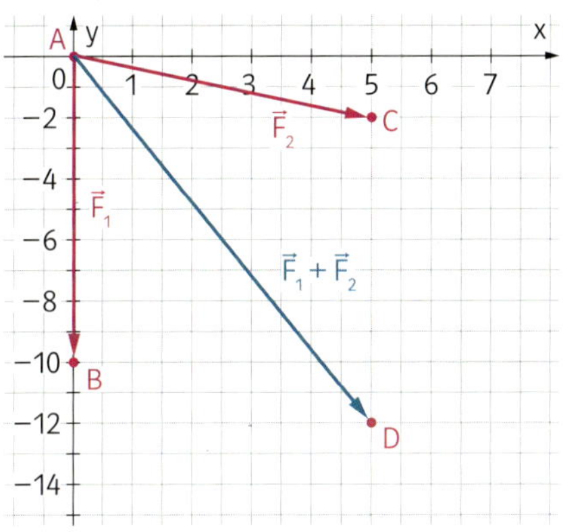

b) 13 Newton;
c) mehrere Möglichkeiten: $F_2 = (0|0)$ oder $(0|a)$ mit $a \in \mathbb{R}^-$ oder $(0|b)$ mit $b \in \mathbb{R}^+$ und $b < 10$;
d) Nein. Der Wind müsste mit $F_2 = (0|10)$ kommen – sehr unrealistisch;
e) $\approx 68{,}2°$

12 Geometrische Anwendungen von Vektoren

231. Lösungswort: SALZBURG

232. a) $A = (-2|-5)$; $B = (6|-3)$; $C = (-1|2)$;
b) $M_{AB} = (2|-4)$; $M_{AC} = (-1{,}5|-1{,}5)$; $M_{BC} = (2{,}5|-0{,}5)$;
c) Schwerpunkt; $S = (1|-2)$

233. a) $\vec{a}_0 = \frac{1}{\sqrt{194}} \cdot \begin{pmatrix}13\\5\end{pmatrix}$; b) $\vec{b}_0 = \begin{pmatrix}-0{,}8\\0{,}6\end{pmatrix}$

234. a) $r = \pm 0{,}96$; b) $r = \pm 13$

235. 1B, 2D, 3F, 4A

236. B, C

237. KUCHEN

238. a) $C = \begin{pmatrix}-5{,}342\\-5{,}683\end{pmatrix}$ b) $C = \begin{pmatrix}0{,}136\\0{,}725\end{pmatrix}$

239. 169,38°

240. a) $\alpha = 64{,}44°$; $\beta = 46{,}93°$; $\gamma = 68{,}63°$; b) $A = 23$

241. (1) Positiv, (2) spitzer Winkel

242. a) richtig, da gilt: $\vec{a} \cdot \vec{b} = (-\vec{a}) \cdot (-\vec{b})$ oder durch geometrische Begründung;
b) richtig, da es bei der Berechnung eines Winkels nicht auf die Länge der beiden Vektoren ankommt; für negatives k vergleiche mit a)

243. $\begin{pmatrix}-9\\6\end{pmatrix}$; $\begin{pmatrix}9\\-6\end{pmatrix}$

244. A, B, E

245. A, B

246. Raute

247. a) $t = -15$; b) $s = 3$

248. rot: $\begin{pmatrix}-9\\-6\end{pmatrix}$; $\begin{pmatrix}-3\\-2\end{pmatrix}$; $\begin{pmatrix}27\\18\end{pmatrix}$; blau: $\begin{pmatrix}-6\\9\end{pmatrix}$; $\begin{pmatrix}6\\-9\end{pmatrix}$; $\begin{pmatrix}2\\-3\end{pmatrix}$; $\begin{pmatrix}-18\\27\end{pmatrix}$

249. a) falsch, es gibt unendlich viele Normalvektoren auf einen gegebenen Vektor;
b) falsch, da die beiden Normalvektoren unterschiedlich lang sein könnten;
c) richtig, da die beiden Vektoren Gegenvektoren zueinander sind.

250. Buchstabe: M

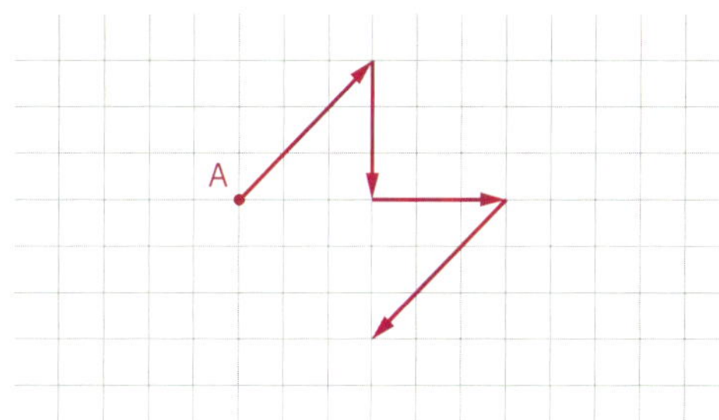

251. a) $\approx 2{,}83$ km/h; $\approx 0{,}79$ m/s;
b)

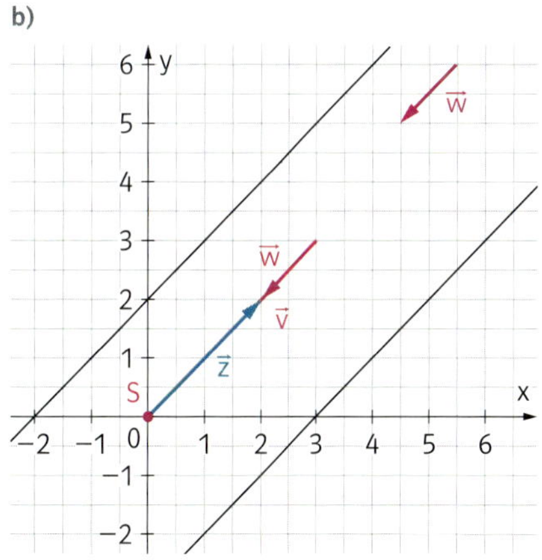

c) (1) parallel; (2) der eine Vektor ein Vielfaches des anderen ist
d) Die Aussage ist falsch. Die Eigengeschwindigkeit des Schiffes ist nicht durch Außenfaktoren wie die Flussströmung beeinflussbar. Die tatsächliche Geschwindigkeit jedoch schon. Diese würde sich in diesem Fall ändern. Das Schiff würde schneller fahren.

13 Geraden

252. a) $X=\begin{pmatrix}-9\\-6\end{pmatrix}+t\cdot\begin{pmatrix}1\\1\end{pmatrix}$; b) $X=\begin{pmatrix}-9\\-6\end{pmatrix}+t\cdot\begin{pmatrix}14\\3\end{pmatrix}$;
c) $X=\begin{pmatrix}-6\\1\end{pmatrix}+t\cdot\begin{pmatrix}-4\\7\end{pmatrix}$; d) $X=\begin{pmatrix}-9\\-6\end{pmatrix}+t\cdot\begin{pmatrix}-1\\1\end{pmatrix}$;
e) $X=\begin{pmatrix}-9\\-6\end{pmatrix}+t\cdot\begin{pmatrix}7\\4\end{pmatrix}$; f) $X=\begin{pmatrix}-2\\-4,5\end{pmatrix}+t\cdot\begin{pmatrix}-3\\14\end{pmatrix}$;
g) $X=\begin{pmatrix}1\\4\end{pmatrix}+t\cdot\begin{pmatrix}3\\8,5\end{pmatrix}$; h) $X=\begin{pmatrix}1\\4\end{pmatrix}+t\cdot\begin{pmatrix}1\\0\end{pmatrix}$;
i) $X=\begin{pmatrix}-9\\-6\end{pmatrix}+t\cdot\begin{pmatrix}1\\-1\end{pmatrix}$

253. GERADEN

254. A, C, D, E

255. $s=0,5$

256. $s=-1$

257. rot: $X=\begin{pmatrix}0\\3\end{pmatrix}+t\cdot\begin{pmatrix}2\\-4\end{pmatrix}$, $X=\begin{pmatrix}-4\\5\end{pmatrix}+t\cdot\begin{pmatrix}-12\\24\end{pmatrix}$,
$X=\begin{pmatrix}12\\1\end{pmatrix}+t\cdot\begin{pmatrix}-40\\80\end{pmatrix}$;
blau: $X=\begin{pmatrix}7\\-6\end{pmatrix}+t\cdot\begin{pmatrix}8\\4\end{pmatrix}$, $X=\begin{pmatrix}2\\3\end{pmatrix}+t\cdot\begin{pmatrix}-4\\-2\end{pmatrix}$, $X=\begin{pmatrix}-1\\12\end{pmatrix}+t\cdot\begin{pmatrix}-80\\-40\end{pmatrix}$

258. $X=\begin{pmatrix}-4\\3\end{pmatrix}+t\cdot\begin{pmatrix}-3\\2\end{pmatrix}$

259. 1E, 2C, 3B, 4F

260. B, C, E

261. $X=\begin{pmatrix}-4\\12\end{pmatrix}+t\cdot\begin{pmatrix}3\\1\end{pmatrix}$

262. **(1)** sind ident, **(2)** die Richtungsvektoren der beiden Geraden g und h parallel sind und der Punkt (3 | 2) auch auf h liegt.

263. g: $X=\begin{pmatrix}3\\1\end{pmatrix}+t\cdot\begin{pmatrix}2\\-1\end{pmatrix}$, h: $X=\begin{pmatrix}-1\\0\end{pmatrix}+t\cdot\begin{pmatrix}2\\1\end{pmatrix}$; $S=(2\,|\,1,5)$; 53,13°

264. C, D

265. B, C

266.

Parameter-darstellung	Normal-vektorform	Allgemeine Form	Haupt-form
$X=\begin{pmatrix}-1\\6\end{pmatrix}+t\cdot\begin{pmatrix}-2\\3\end{pmatrix}$	$\begin{pmatrix}3\\2\end{pmatrix}\cdot X=\begin{pmatrix}3\\2\end{pmatrix}\cdot\begin{pmatrix}-1\\6\end{pmatrix}$	$3x+2y=9$	$y=-\frac{3}{2}x+\frac{9}{2}$
$X=\begin{pmatrix}0\\-4\end{pmatrix}+t\cdot\begin{pmatrix}3\\-2\end{pmatrix}$	$\begin{pmatrix}2\\3\end{pmatrix}\cdot X=\begin{pmatrix}2\\3\end{pmatrix}\cdot\begin{pmatrix}0\\-4\end{pmatrix}$	$2x+3y=-12$	$y=-\frac{2}{3}x-4$
$X=\begin{pmatrix}0\\-2\end{pmatrix}+t\cdot\begin{pmatrix}4\\3\end{pmatrix}$	$\begin{pmatrix}3\\-4\end{pmatrix}\cdot X=\begin{pmatrix}3\\-4\end{pmatrix}\cdot\begin{pmatrix}0\\-2\end{pmatrix}$	$3x-4y=8$	$y=\frac{3}{4}x-2$
$X=\begin{pmatrix}-2\\-4\end{pmatrix}+t\cdot\begin{pmatrix}7\\3\end{pmatrix}$	$\begin{pmatrix}3\\-7\end{pmatrix}\cdot X=\begin{pmatrix}3\\-7\end{pmatrix}\cdot\begin{pmatrix}-2\\-4\end{pmatrix}$	$3x-7y=22$	$y=\frac{3}{7}x-\frac{22}{7}$

267. e: $\begin{pmatrix}-5\\8\end{pmatrix}\cdot X=\begin{pmatrix}-5\\8\end{pmatrix}\cdot\begin{pmatrix}-1\\-1\end{pmatrix}$; f: $\begin{pmatrix}5\\7\end{pmatrix}\cdot X=\begin{pmatrix}5\\7\end{pmatrix}\cdot\begin{pmatrix}1\\4\end{pmatrix}$,
$S=(3,8\,|\,2)$

268. **a)** **(1)** $a=-6$; $b=18$; **(2)** $a=-6$; $b=7$;
(3) $a=4$; $b=$ beliebig;
b) **(1)** $a=-2$; $b=6$; **(2)** $a=3$; $b=-9$; **(3)** $a=7$; $b=4$

269. **a)** $\begin{pmatrix}3\\2\end{pmatrix}\cdot X=\begin{pmatrix}3\\2\end{pmatrix}\cdot\begin{pmatrix}-5\\4\end{pmatrix}$; **b)** $S=(-1\,|\,-2)$; **c)** 7,21

270. $\sqrt{5}$

271. $H=\left(\frac{5}{3}\,\middle|\,\frac{2}{3}\right)$; $U=\left(\frac{7}{6}\,\middle|\,\frac{13}{6}\right)$; e: $\begin{pmatrix}3\\1\end{pmatrix}\cdot X=\begin{pmatrix}3\\1\end{pmatrix}\cdot\begin{pmatrix}\frac{5}{3}\\\frac{2}{3}\end{pmatrix}$;
R ist der Schwerpunkt des Dreiecks und muss daher auf der Eulerschen Geraden liegen.

272. **a)**

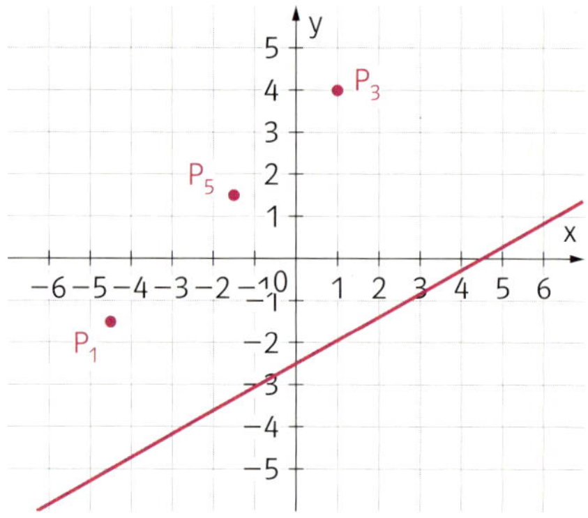

b) g: $X=\begin{pmatrix}1\\4\end{pmatrix}+s\cdot\begin{pmatrix}1\\1\end{pmatrix}$, P_4 liegt nicht auf der Geraden g. Setzt man den Punkt in die Geradengleichung ein, erhält man zwei unterschiedliche Werte für den Parameter s.

c) $a=1,8$

d) Man stellt eine Gerade durch P_1 und P_2 und durch P_4 und P_5 auf. Der Schnitt dieser Geraden ergibt P_7. Der Schnitt der Geraden durch P_1 und P_6 sowie durch P_1 und P_3 ergibt den Punkt P_8. Die Gerade durch P_7 und P_8 ist u.
$P_8=(\approx-2,12\,|\approx-1,10)$

Jahresstoff-Check

273. $0,0023\cdot10^{11}\in\mathbb{N}$; $\mathbb{Z}$; $\mathbb{Q}$ und $\mathbb{R}$; $\sqrt{\sqrt{49}}\in\mathbb{R}\setminus\mathbb{Q}$ und $\mathbb{R}$;
$5,12\dot{7}\in\mathbb{Q}$ und $\mathbb{R}$; $\sqrt{1024}\in\mathbb{N}$; $\mathbb{Z}$; $\mathbb{Q}$ und $\mathbb{R}$;
$\frac{2+\frac{3}{2}:5}{1-\frac{4}{7}}\in\mathbb{Q}$ und $\mathbb{R}$

274. 42,6 %

275. B, C, E

276. 1B, 2F, 3A, 4C

277. $h-3\cdot d$ ist die Höhe der Kerze (in cm) um 10:00.

278. Die beiden Arbeiter brauchen $\frac{x}{a+b}$ Stunden zum Abtragen des Sandhaufens.

279. 1D, 2C, 3E, 4A

280. $b=\frac{f\cdot(d-e)}{c}-a$

281. 79

282. $x=70$, $y=120$

283. Susi hat 15 Sticker und Antonia 9 Sticker.

284. Die kleine Lösungsformel wurde falsch angewendet. Statt 30,5 wurde −30,5 geschrieben und damit weitergerechnet. Die richtigen Lösungen lauten $x_1=60$ und $x_2=1$.

285. $c=18$

286. $x_1=-4$, $x_2=11$

287. $a=50\,m$

288. **a)** lineare Funktion; **b)** lineare Funktion

289.

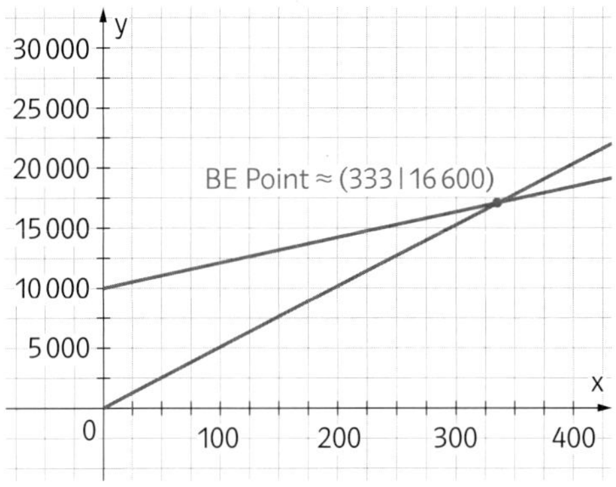

290. Der Break-even-point liegt bei 220 Lampen.

291.

Tage	1	2	3	4	5	6	7
Gesamtmiet-gebühr (€)	80	160	230	290	350	410	470

292. B, D, E

293. $\alpha = 27{,}49°$

294. A, B

295. $270° < \alpha < 360°$

296. spitze Winkel; $0° < \alpha < 180°$

297. z.B.:

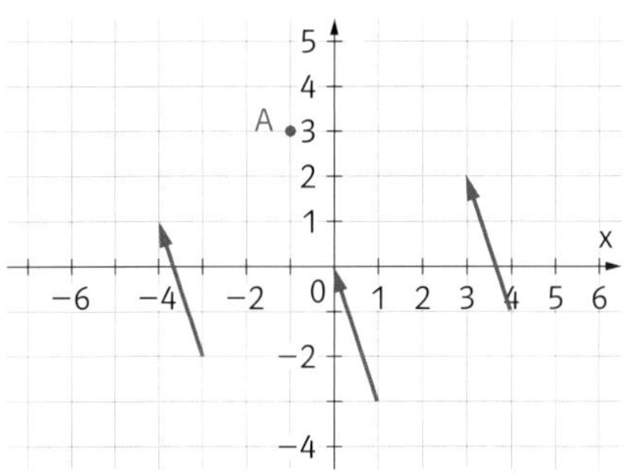

298.

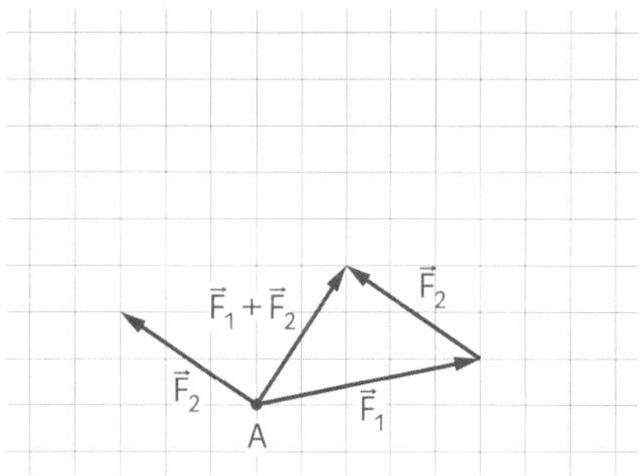

$\vec{F}_1 + \vec{F}_2 = \begin{pmatrix} 2 \\ 3 \end{pmatrix}$

299. Es wurden 1544 Spielfiguren verkauft. Eine Figur kostet 1,50 €

300. A, B, E

301. **(1)** ident; **(2)** die Richtungsvektoren der beiden Geraden g und h parallel sind und der Punkt von g auch auf h liegt.

302. $x + 3y = 5$

303. 1F, 2B, 3A, 4C